David Seamands
Heilung für kranke Herzen

David Seamands

# Heilung für kranke Herzen

FRANCKE
Verlag der Francke-Buchhandlung GmbH

Die Deutsche Bibliothek – CIP-Einheitsaufnahme

**Seamands, David:**
Heilung für kranke Herzen / David Seamands. [Dt. von Marie-Luise Rusche]. – Marburg an der Lahn: Francke, 1992
(Ein Francke-Taschenbuch)
ISBN 3-88224-948-X

Alle Rechte vorbehalten
Originaltitel: God's Electrocardiogram
© 1989 by David A. Seamands
Published by Bristol Books, Wilmore, Kentucky, USA
© der deutschsprachigen Ausgabe
1992 by Verlag der Francke-Buchhandlung GmbH
3550 Marburg an der Lahn
Deutsch von Marie Luise-Rusche
Umschlaggestaltung: Thomas Lardon, Literary & Media Agency, Hamburg
Texterfassung: Verlag der Francke-Buchhandlung GmbH/
Heike Schmidt
Satz: Druckerei Schröder, 3552 Wetter/Hessen
Druck: Clausen & Bosse, Leck

Ein Francke-Taschenbuch

# Inhalt

1. Herzkrankheiten: Probleme Nummer Eins .. 7
2. Das trügerische Herz .................... 18
3. Das abtrünnige Herz .................... 26
4. Das bußfertige Herz .................... 37
5. Das geteilte Herz ....................... 48
6. Das feste Herz ......................... 57
7. Das liebende Herz ..................... 66

# 1. Herzkrankheiten: Probleme Nummer eins

*Denn aus dem Herzen kommen böse Gedanken, Mord, Ehebruch, sexuelle Abartigkeiten, falsche Zeugenaussagen, Verleumdung. Das sind die Dinge, die den Menschen unrein machen.*
(Matthäus 15,19-20)

Seit Jahrhunderten streiten die Gelehrten darüber, was ihrer Meinung nach zu den sieben Weltwundern zählt. Sie haben geforscht und weite Reisen zurückgelegt, um solche Naturwunder zu finden, und immer wieder darüber diskutiert, welche davon am bedeutendsten seien.

Tatsächlich könnte sich der Mensch solche weiten Wege sparen. Er brauchte nur sich selbst zu betrachten; denn das größte Wunderwerk der Schöpfung ist der menschliche Körper. Und von allen Körperteilen ist sicherlich das Herz am wunderbarsten. Nichts ist erstaunlicher als dieses Organ mit seinem Kreislaufsystem.

## Dem Herzschlag lauschen

In diesem Augenblick pocht in jedem von uns jener geheimnisvolle, beständige Rhythmus des Lebens, den wir Herzschlag nennen. Hören wir ihn? „Lubb-dup", „Lubb-dup", „Lubb-dup."

Das Herz, sozusagen eine etwa faustgroße Elektro-Muskel-Pumpe, arbeitet unvorstellbar tapfer mit einer Leistungsfähigkeit, die niemals auch nur annähernd von einer der vielen menschlichen Erfindungen erreicht wurde. Jede Minute pumpt es mehr als fünf Liter Blut durch ein Kreislaufsystem von geschätzten 160.000 km Länge. Wenn man die Treppe hinaufläuft und dabei immer zwei Stufen auf einmal nimmt, wenn man Fußball spielt oder im Mondschein die Liebste im Arm hält, kann das Herz auch fünfmal soviel leisten.

In der durchschnittlichen menschlichen Lebensspanne von siebzig Jahren schlägt unser Herz, anscheinend ohne einmal zur „Inspektion in die Werkstatt" gebracht zu werden. Stellen wir uns das „Lubb-dup", „Lubb-dup", das ich eben erwähnte, noch einmal vor. Tatsächlich dauert die kurze Pause zwischen dem letzten „dup" und dem nächsten „Lubb" länger als der Herzschlag selbst. Auf diese Weise ruht das Herz mehr als es arbeitet. Und neben der Ruhe erhält es auch noch Extrarationen; denn obwohl es nur ein Zweihundertstel unseres Gewichtes ausmacht, erhält es von der Versorgung durch das Blut ein Zwanzigstel für sich selbst.

Was aber läßt das Herz schlagen? Niemand wußte es, bis um 1890 die elektrischen Impulse des Herzens entdeckt wurden. Man fand heraus, daß ein eingebauter chemo-elektrischer Reiz, Schrittmacher genannt, etwa siebzigmal in der Minute einen winzigen Elektroschock erzeugt, der über die Muskeln streicht und bewirkt, daß sie sich zusammenziehen. Am erstaunlichsten ist daran, daß dieser Schrittmacher fast ganz unabhängig vom übrigen Körper arbeitet. Auch wenn man die Nerven durchschneidet, die zum Herzen führen, arbeitet er weiter. Heutzutage halten künstliche Herzschrittmacher viele Menschen am Leben, die sonst wohl sterben müßten.

# Der Strom des Lebens

In gewisser Hinsicht wird das Wunder des Herzens noch vom Wunder des Blutes übertroffen. Das Blut ist buchstäblich der „Lebensstrom". Genau genommen stirbt man nicht, wenn das Herz aufhört zu schlagen. Chirurgen können das Herz zeitweilig anhalten, um daran zu operieren.

Nein, wir sterben, wenn das Blut aufhört zu zirkulieren. Blut erhält uns lebendig. Es ist die lebensspendende und lebensstärkende Flut, die mit jedem Teil unseres Körpers in Berührung kommen muß. Wenn die Blutzirkulation in einem Körperteil unterbrochen wird, stirbt dieser Körperteil innerhalb weniger Minuten ab. Und falls es ein lebenswichtiger Teil des Körpers ist, stirbt bald der ganze Körper. Es ist aufschlußreich, daß die Bibel in den ersten Büchern des Alten Testaments von der lebensspendenden Eigenschaft des Blutes spricht. In 3. Mose 17,11 heißt es zum Beispiel: „Des Leibes Leben ist im Blut." Und diese Aussage wird immer wieder im Alten Testament wiederholt. Der Blutkreislauf als solcher wurde erst 1628 von William Harvey entdeckt. Und tatsächlich scheint die medizinische Wissenschaft erst in den letzten fünfzig Jahren erstaunt festzustellen, mit welcher beinahe wissenschaftlichen Genauigkeit biblische Wahrheiten schon vor nahezu viertausend Jahren aufgeschrieben wurden.

# Das fühlende Herz

Die Bibel spricht vom Herzen nicht nur als dem Zentrum des körperlichen Lebens, sondern auch als dem Zentrum unserer Gefühle und unseres Innenlebens.

Rev. Donald Soper verließ für viele Jahre die Geborgenheit der Kanzel und predigte das Evangelium unmittelbar den Menschen im Londoner Hyde Park. Bei Ansprachen gebrauchte er mehrmals das Wort „Herz". Und jedesmal unterbrach ihn ein Zwischenrufer und fragte skeptisch, was er damit meine. „Was soll das? Jeder weiß doch, daß das Herz nur eine Pumpe ist!"

Dr. Soper sah den Spötter an und fragte mit der geübten Zunge des an Rededuelle gewöhnten Hyde Park-Predigers ganz ruhig zurück: „Mein lieber Herr, sind Sie verheiratet?"

Der Mann stotterte verlegen: „Oh ... oh ... nein."

„Das habe ich mir gedacht."

Der Widersacher entgegnete: „Und wieso haben Sie es sich gedacht?"

„Ganz einfach. Ich könnte mir vorstellen, daß Sie einmal verliebt waren und einer jungen Dame ernsthaft den Hof machten. In einer Mondscheinnacht haben Sie den ersten Vorstoß gewagt. Sie legten Ihren Arm um sie und flüsterten mit zitternder Stimme: ‚Mein Darling, ich möchte, daß du mich heiratest. Ich liebe dich von ganzer Pumpe!' Daraufhin haute sie Ihnen eine runter ..."

In fast allen Sprachen der Welt verbindet man das Herz mit dem Sitz der Gefühle. Man spricht zum Beispiel von einem Entschluß, den man „schweren Herzens" getroffen hat, oder gebraucht den Begriff „herzlich". Wir reden von „Herzenskummer" oder klagen: „Sie hat mir das Herz gebrochen!"

# Das geistliche Herz

Das Herz symbolisiert nicht nur das Gefühlsleben, sondern auch die moralischen und geistlichen Dimensionen des Lebens. In Sprüche 4,23 heißt es: „Behüte dein Herz mit allem Fleiß, denn daraus quillt das Leben!" Wie das Leben jeder einzelnen Zelle davon abhängt, ob das Herz in der Lage ist, ihr den entsprechenden Anteil an lebensspendendem Blut zu liefern, ebenso ist das moralische und geistliche Leben eines jeden Menschen abhängig von dem, „was aus seinem Herzen fließt". Dieses wunderbare Zentralorgan unseres Körpers mit seinem großartigen Transport- und Verteilersystem ist zugleich, bildlich gesprochen, eine Festung unseres sogenannten dicken Ichs.

Die Bibel gebraucht das Wort „Herz" mehr als siebenhundertmal in unterschiedlicher Bedeutung. Manchmal ist damit die Gesinnung gemeint oder das Verständnis, manchmal der Wille oder das Gefühlsleben und die Gemütsbewegung, manchmal das Gewissen und manchmal meint der Begriff „Herz" sogar den ganzen Menschen. Und es handelt sich dabei immer um jene zentrale Festung unseres Ichs, in der Gefühl, Verstand und Wille zusammentreffen und die von diesem Zentrum motivierte Persönlichkeit bilden. Wir können es auch das Zentralorgan der Seele nennen: den Sitz unserer Wünsche, Leidenschaften, Empfindungen, Motive, Impulse, Reflexe und Entscheidungen. Die geheimnisvolle, starke innere Quelle für den Strom unserer Personalität!

# Geistliche Herzkrankheit

Die Bibel zeichnet nicht immer ein schönes Bild vom menschlichen Herzen. Bleiben unsere Herzen unberührt von der befreienden und heilenden Gnade, so diagnostiziert die Bibel sie als krank. Im Zentrum unseres Lebens existiert eine angeborene Mißbildung, ein angeborener Schaden – das bösartige Krebsgeschwür der Sündhaftigkeit. Es zeugt davon, daß unser Problem Nummer eins eine geistliche Herzkrankheit ist.

Viele Menschen werden von einem Herzleiden geplagt und sterben daran. Und was für den Bereich der körperlichen Gesundheit wahr ist, gilt sicher auch für die geistliche Gesundheit. Die Bibel macht uns klar, daß das Herz die Quelle unseres Kummers ist. Es leidet an der Sündenkrankheit.

Die Menschen hören das meist nicht gern. Sie suchen die Schuld lieber bei den anderen. So haben Philosophen, Politiker, Sozialwissenschaftler und Schwärmer auf diese oder jene Weise Gottes Wahrheit ignoriert. Nach ihrer Diagnose handelte es sich nicht um ein inneres, sondern um ein äußeres Problem. Sie schlugen vor, die soziale Umwelt zu ändern, das Bildungswesen auszubauen, wirtschaftliche Barrieren wie Reichtum und ungleiche Verteilung der Güter abzuschaffen und – durch Verhaltensforschung und Psychologie – zu lernen, was den Menschen gefällt, damit sie zufrieden, glücklich und gesund mit sich, ihren Nachbarn und der Welt in Frieden leben.

Nach dem zweiten Weltkrieg, in den Anfangstagen der UNO, wurden viele öffentliche Diskussionen über den Frieden und das menschliche Recht gehalten. An einem Nachmittag präsentierten mehrere brillante Redner aus allen Teilen der Welt ihre Pläne zum Weltfrieden. Ihre

Gedanken hierzu wurden mit großer Freude und viel Beifall aufgenommen. Plötzlich erhob sich eine Hausfrau aus New York, die auf einem der hinteren Plätze des Auditoriums gesessen und zugehört hatte. Ruhig sagte sie, alle diese Reden klängen wunderbar, doch als Mutter frage sie sich, ob man die menschliche Natur auch eingeplant habe.

Eine Zeitung berichtete, daß sich die Redner und Experten überrascht zu ihr umdrehten und sie anstarrten. Die Frau hatte alle ihre Seifenblasen zerplatzen lassen. Die Stimmung kühlte merklich ab. Sofort gerieten sich die gelehrten Köpfe in die Haare und fingen an, Streitgespräche miteinander zu führen. Ihr Verhalten spiegelte wider, was die Hausfrau befürchtete und ausgesprochen hatte.

Eigentlich ging es ihr um die Frage: Können wir das menschliche Herz mit einplanen? Alle utopischen Ideale zerbrechen daran. Ideale zertrümmern am verborgenen Felsen des menschlichen Herzens und erleiden Schiffbruch im Treibsand.

## Eine Veränderung des Herzens

Jesus kennt das Herz der Menschen. Er identifiziert den Schaden in unserem Innern, nicht außen, daß „aus dem Herzen" die Flut des Bösen kommt und daß die einzige Chance für die Menschheit in einer Veränderung des Herzens liegt.

In den Anfangstagen des Kinos wurden die ersten Filme im Westen der USA in großen Zelten vorgeführt. Nach einigen Wochen in Reklame und Vorankündigung hatten sich diese „Reisekinos" durchgesetzt. Die Cowboys erledigten ihre Arbeit am Abend etwas früher und ritten in die Stadt, um den ersten Film ihres Lebens zu sehen.

Sie hatten so etwas noch nie gesehen. Deshalb brachen besondere Empfindungen in ihnen auf, als mitten im Film in einer dramatischen Szene der Bösewicht drauf und dran war, die schöne Titelheldin umzubringen. Blitzschnell zog einer der Cowboys seinen geladenen Trommelrevolver und rief: „Knallt ihn ab, Jungs!" Und die Burschen zogen vom Leder und ballerten auf den Leinwandschurken, was das Zeug hergab. In einer Gefechtspause stürzte der Filmvorführer nach vorn, um den aufgebrachten Leuten die Sache zu erklären. Sie aber hatten die Leinwand bereits durchsiebt, und die hintere Zeltwand mußte erneuert werden.

Natürlich wissen wir heute, wie sehr sich die Cowboys geirrt haben; denn obwohl der Bösewicht des Films vor ihnen auf der Leinwand erschien, kam sein Bild aus dem Filmprojektor hinter ihnen. Eigentlich hätten sie sich also umdrehen und auf den Projektor schießen müssen, um den bösen Buben auszulöschen. So aber trieb der Schurke seine Schurkerei weiter, so sehr sie auch die Leinwand zerfetzten.

Im geistlichen Bereich ist das menschliche Herz mit solch einem Projektor zu vergleichen, als Quelle aller bösen Bilder. Wenn wir ein sauberes Bild wünschen, müssen wir am Projektor etwas verändern.

## Gute Instrumente für die Diagnose

Herzleiden sind schwierig zu diagnostizieren. Sie bedürfen eines erfahrenen Arztes, der alle möglichen modernen Geräte hierfür einsetzt. Das Stethoskop und der

Röntgenapparat sind die Basisgeräte. Der Phonosthetograph, in dem die Herztöne durch einen Lautsprecher wiedergegeben werden, erleichtert die Diagnose. Das Elektrokardiogramm, das die elektrischen Impulse des Herzens aufzeichnet, kann herausfinden, wie die einzelnen Herzkammern arbeiten. Das wohl am meisten benutzte Instrument für die Diagnose aber ist der Herzkatheter, ein 1,20 m langes Röhrchen, das durch eine Ader direkt ins Herz geführt wird und seine inneren Sekrete untersucht.

So wie solche Instrumente die Beschaffenheit der physischen Herzen feststellen, hat auch Gott seinen diagnostischen Weg, um die wahre Beschaffenheit unserer geistlichen Herzen aufzudecken. Sein großartiges, unfehlbares Diagnoseinstrument ist sein inspiriertes Wort. Hebräer 4,12-13 beschreibt es so:

> *Denn das Wort Gottes ist lebendig und wirksam und schärfer als jedes zweischneidige Schwert, und es dringt durch, bis es Seele und Geist, Mark und Knochen scheidet, und es ist ein Richter der Gedanken und Regungen des Herzens. Und kein Geschöpf ist vor ihm verborgen, sondern es liegt alles nackt und aufgedeckt vor den Augen Gottes, dem wir Rechenschaft geben müssen.*

Gottes Wort übertrifft alle anderen Möglichkeiten. Es ist lebendig und aktiv durch die Kraft des Heiligen Geistes und offenbart das Innerste des Herzens. Wissenschaftler entdeckten erst kürzlich, daß die Blutzellen tatsächlich im Knochenmark produziert werden. Diese vor etwa zweitausend Jahren geschriebene Bibelstelle aber sagt aus, daß Gottes Wort das Mark in den Knochen durchdringt, also dort, wo das Leben beginnt, wo sich der Urquell unseres Seins befindet. Gottes Wort durchschaut, analysiert und diagnostiziert unsere Gedanken und Verhaltensweisen.

Wenn dann dieser „göttliche Herzkatheter" in das Herz selbst eindringt, wird alles Verborgene offenbar. Gott selbst stellt mit seinem Wort die irrtumslose Diagnose. Mit einer Fehldiagnose und einem verkehrten Rezept ist nicht zu rechnen.

„Ist mein Wort nicht wie ein Feuer, spricht der Herr, und wie ein Hammer, der Felsen zerschmeißt?" (Jeremia 23,29). Wenn wir unser sündiges Herz hinter unserer Selbstgerechtigkeit verstecken wollen, dann offenbart uns das Feuer des Wortes Gottes, daß unsere Gerechtigkeit wie ein beflecktes Kleid ist und daß es die Lumpen und welken Blätter unseres kranken Herzens verbrennen will. Wenn unsere Herzen sich vor Gott verhärten und wir versuchen, ihm zu widerstehen, zerschlägt Gottes Wort die harte Schale unseres Herzens. Sie zerbricht und das bösartige Krebsgeschwür unserer Sündhaftigkeit wird freigelegt. Wir können Gott nicht entkommen. Das schneidende „Schwert", das „Feuer", der „Hammer", das alles sind Bestandteile des göttlichen Röntgengeräts, seines Stethoskops, seines großartigen Elektrokardiogramms.

Es ist heilsam für uns, Gottes Diagnose über uns zu erfahren, also die Wahrheit über uns selbst; denn wie der Zustand des Herzens der Schlüssel zu einem gesunden Körper ist, so ist auch der Zustand unseres geistlichen Herzens der lebenswichtige Schlüssel zur Gesundheit unserer Seele. Dabei dürfen wir nicht vergessen, wie entmutigend die Diagnose auch sein mag, das Ziel dieser geistlichen Behandlung ist frohmachend. Der göttliche Arzt hat verheißen, uns ein neues Herz einzupflanzen!

# Zur Besinnung

1. Können Sie nach der Bibel die verschiedenen Dimensionen des Herzens beschreiben?
2. Was ist, geistlich gesehen, das Hauptproblem des Herzens?
3. Womit versuchen wir, die Sündhaftigkeit unseres Herzens zu verdrängen?
4. Wie wirkt die Bibel als „göttlicher Herzkatheter" im Leben des Christen? Fallen Ihnen dazu bestimmte Beispiele ein?
5. Gibt es Bereiche in Ihrem Leben, die Sie von Jesus bereinigt haben möchten? Welche?

# 2. Das trügerische Herz

*Siehe, dir gefällt Wahrheit, die im Verborgenen liegt, und im Geheimen tust du mir Weisheit kund.*
(Psalm 51,8)

*Es ist das Herz ein trotzig und verzagt Ding; wer kann es ergründen?*
(Jeremia 17,9)

In der Bibel gibt es für das Herz einige sehr starke, vielsagende Adjektive: Es ist verdorben, es ist krank, es ist böse, es ist falsch, es ist trügerisch.

Eine große Tragödie besteht darin, daß unser Herz nicht nur andere täuscht, sondern erstaunlicherweise auch uns selbst.

Es ist eine schlimme Sache, ein Betrüger zu sein, der vorsätzlich heimliche Ränke schmiedet, intrigiert und plant, wie er andere hereinlegen kann. Das ist eine Sünde, die jeden Tag auf der Welt tausendfach begangen wird. Es variiert von den durchschaubaren Lügen des kleinen Kindes bis hin zur cleveren Technik eines Beraters, der dem Kunden hinterlistig die Wahrheit verheimlicht, um ihn übers Ohr zu hauen und zum betrügerischen Kauf zu verführen. Am erschreckendsten ist jedoch, wie unser Herz uns konstant hinterlistig und heimtückisch selbst betrügt.

# Versteckspiel vor sich selbst

Wir wissen, daß bei der Schöpfung alles am Menschen sehr gut war. Als dann aber die Menschen ihre Freiheit mißbrauchten und Gott ungehorsam wurden, um selbst zu entscheiden, was gut und böse ist, infizierten sie sich selbst mit der bösartigen Schuld. Deshalb beginnt jedesmal in uns ein großer innerer Kampf, wenn wir uns bemühen, uns selbst zu erkennen. Unser Herz versucht, sich selbst die Wahrheit zu verheimlichen.

Alan Knight Chalmers berichtet, wie er zum erstenmal zu Patienten in einer Nervenklinik sprach. Er fragte den Doktor vom Dienst, ob er bestimmte Themen bei seinen Ansprachen meiden sollte. Der Doktor entgegnete ihm: „Machen Sie sich keine Sorgen. Sprechen Sie, worüber Sie wollen. Wissen Sie, die Leute hier nehmen es nicht persönlich. Jeder denkt, der andere wäre gemeint."

Das ist in der Tat die größte Tragödie des menschlichen Herzens, daß wir uns selbst gern vor der bitteren Wahrheit schützen, indem wir sie andern in die Schuhe schieben.

Ich verbringe viele Stunden damit, Menschen in der Seelsorge weiterzuhelfen. Besonders zeitaufwendig dabei ist es, den Leuten die Falschheit ihres eigenen Herzens aufzudecken. Ihnen zu zeigen, wie ihr eigenes Herz sie geschickt austrickst und blendet, indem es versucht, andere für ihre Probleme verantwortlich zu machen. Viel von unserer Furcht vor anderen, unserem Gefühl, sie meinen es schlecht mit uns oder würden uns nicht anerkennen, geht auf das Konto unserer eigenen Empfindlichkeit. Auch hier versucht uns unser falsches, arglistiges Herz zu täuschen.

Oder betrachten wir einmal unsere Niederlagen. Es ist hart, eingestehen zu müssen, daß wir die Prüfung nicht geschafft, den Partner nicht bei uns gehalten oder die Wahl nicht gewonnen haben. Statt aber nun unserem Verlust oder Versagen realistisch ins Auge zu sehen, setzt unser falsches Herz alles dran, irgend etwas oder irgend jemanden dafür zu tadeln und ihm die Schuld zu geben. Und von dort aus ist es nur ein kleiner Schritt zum „Eingeschnapptsein". Oder nehmen wir die Beziehung zwischen jungen Männern und Frauen. Das kann ein Gebiet sein, auf dem wir uns am meisten etwas vormachen, denn das Herz täuscht uns — und das romantische, gefühlsduselige Herz täuscht uns am allermeisten. Und der starke Sexualtrieb unterstützt dann noch das Täuschungsmanöver und macht uns blind für gewisse Tatsachen.

Ich verbringe Stunden damit, jungen Leuten zu helfen, sich selbst gegenüber ehrlich zu sein und ihre wahren Motive zu erkennen. Da trifft sich beispielsweise ein junges Paar nur gelegentlich. Dann trifft es sich öfter und dann beständig. Da ihre Gefühle füreinander wachsen, nehmen auch ihre Gefühlsäußerungen intensivere Formen an. Und weil sie spüren, wie sehr sie ineinander verliebt sind, läßt ihre körperliche Zurückhaltung nach. Danach aber fühlen sie sich schuldig und verlieren den Respekt vor sich selbst. Sie haben sich etwas vorgemacht und sind nicht in der Lage oder willens, der Wahrheit ins Gesicht zu sehen und ihr Tun zu verantworten.

Ich habe schon eine Menge Vernunftgründe für unmoralisches Verhalten gehört und höre laufend neue Entschuldigungen. Zum Beispiel: „Ich wollte ihn testen, um zu sehen, was für ein Kerl er in Wahrheit ist." Oder „Es war ihr Fehler. Sie hätte mich vorher davon abhalten sollen." (Er hat bereits vergessen, daß sie es versuchte.) Oder: „Er tat mir so leid. Er schien viel Liebe zu brauchen."

Oft täuschen sich beide Seiten, geben sich gegenseitig die Schuld, zanken sich, gehen sich aus dem Weg und lassen kein gutes Haar am anderen. Das Herz ist tatsächlich trügerisch, besonders wenn es von Lust und Begierde angestachelt wird.

Eine andere Art von Selbstbetrug meldet sich, wenn wir auf Gottes Ruf für unseren Lebensweg antworten sollen. Da weiß zum Beispiel ein junger Mann, daß er zum Prediger berufen ist — doch er will nicht. Manchmal leugnet er den Ruf ganz, und manchmal beginnt ein Prozeß der Selbsttäuschung in ihm. „Ich will dir 'was sagen", wehrt er ab, „ich verstehe überhaupt nicht, was das mit dem ‚Ruf' soll. Fange sowieso schon an, mich über die vielen Prediger zu wundern." Bald darauf kommt er zu dem Schluß, daß alle Prediger Schwindler seien. Lauter Krücken!

## Verhüllungen

In Psalm 51,8 heißt es: „Siehe, dir gefällt Wahrheit, die im Verborgenen liegt." Ein deutscher Wissenschaftler namens Schmidt übersetzte es: „Du wünschst Wahrheit mehr als Entschuldigungen, ja, mehr als alle Verhüllungen."

Warum machen wir uns überhaupt die Mühe, immer alles zu vertuschen und zu verhüllen? Es wäre doch viel einfacher, Farbe zu bekennen. Warum dieses verzwickte, komplizierte System des Selbstbetrugs?

Ich habe die Geschichte eines Mannes aus New England gelesen, der in den ersten zwölf Ehejahren seine Frau auf eine merkwürdige Art und Weise betrog. Er konnte weder lesen noch schreiben, schämte sich aber, es ihr zu sagen. So kaufte er sich zwölf Jahre lang jeden Tag eine Zeitung, verzog sich abends nach getaner Arbeit hinter sie und tat so, als ob er sie gründlich studierte.

Auf welche Ideen wir Menschen doch kommen, um uns vor der Wahrheit über uns selbst abzuschirmen! Und warum das alles? Weil es peinlich ist, der ungeschminkten Wahrheit ins Auge zu blicken.

König Davids Sünden — der bösen Lust, des Mordes und Betrügens — erstaunen mich immer noch. Und ich wundere mich, wie lange er brauchte, um sie zu bereuen. Schließlich war er der König Israels. Das heißt, er war gleichzeitig Richter über das Volk. Jeden Tag hörte er ihre Fälle, Streitigkeiten und Klagen. Er entschied, was richtig und falsch ist. Doch offenbar hatte er keinen Blick für seine eigenen Schwächen und Fehler, für die Sünden seines Lebens.

Wie lange ist David diesen Weg gegangen? Genau wissen wir es nicht. Zumindest dauerte es neun Monate, bis das Kind geboren wurde — das Resultat seiner Sünde. Und als Prophet Nathan ihm das Gleichnis vom armen Mann erzählte, der nur ein einziges Schaf besaß, und dieses von einem reichen Mann mit vielen Schafen auch noch weggenommen bekam, zog David zornig sein Schwert und drohte mit gerichtlicher Strafverfolgung. „Er hat gesündigt! Er muß sterben!" Da blickte ihm der Prophet Nathan mutig in die Augen. „David, du bist der Mann!" Und plötzlich erkannte David die Wahrheit. Gott hatte ihn überführt.

Das eigene Ich kann sich selbst nur im Spiegel erkennen. Man sagt, Gottes Wort sei ein großer Spiegel: es hält uns den Zustand unseres Herzens vor Augen. Der Heilige Geist überführt uns, unser Gewissen richtet uns — und auf einmal erkennen wir, wie wir wirklich sind.

# Ein paar Worte zum Selbstbetrug

Weil Selbstbetrug so ernst zu nehmen und so weitverbreitet ist, sollten wir überlegen, wie wir diesem gefährlichen Verhalten entgegenwirken.

Erstens einmal sollten wir uns Zeit zur Stille und inneren Besinnung nehmen und somit dem Heiligen Geist eine Chance geben zu arbeiten. Eins der kostbarsten Güter scheint heute die rar gewordene Stille zu sein: Zeit, still zu werden und auf Gott zu hören. Unsere ganze Lebensweise trägt dazu bei, die Falschheit unseres eigenen Herzens zu verdecken und zu überspielen. Unser Zuhause wird zum Wirrwarr der Zerstreuung, unser Leben zur beruflichen Tretmühle — selbst im Dienst am Werk des Herrn.

Zweitens sollten wir Gottes Wort lesen und gehorchen. Das Wort Gottes enthält sehr klare, objektive Normen und Anweisungen. Trotzdem, unser Herz spielt so gern falsch, weil wir dazu neigen, Gottes Gebote mit unserem Verstand zu „zerpflücken", um sie — unseren Gefühlen und Wünschen entsprechend — angenehmer zu gestalten.

Je mehr ich anderen Menschen als Seelsorger diene, und je stärker mir die Falschheit meines eigenen Herzens mit seinen Tricks und Ausflüchten bewußt wird, um so mehr erkenne ich die Notwendigkeit, den klaren, objektiven Wertmaßstäben des Wortes Gottes zu gehorchen.

Drittens sollten wir bezüglich unserer Neigung zum Selbstbetrug besonders die Gebiete ins Auge fassen, auf denen wir am empfindlichsten reagieren. Dort brauchen wir wahrscheinlich den Heiligen Geist am meisten. Achten wir einmal auf jene Bereiche, in denen wir gern Widerstand leisten und der Wahrheit und dem Licht des Geistes Gottes widerstreben.

Ebenso wie der Arzt bei einer körperlichen Untersuchung unseren Leib abtastet und abklopft, um herauszufinden, wo wir empfindlich reagieren und wo die Schmerzpunkte liegen, offenbart uns das leise Pochen des Heiligen Geistes, wo wir uns am meisten in uns selbst täuschen.

Viertens sollten wir uns darüber im klaren sein, daß die Gefahr des Selbstbetrugs immer bestehen bleibt, daß wir nie die Stufe der Vollkommenheit erreichen.

Meiner eigenen Erfahrung nach zeigt uns Gott am deutlichsten unser wahres Selbst, wenn wir ihm ganz nahe sind. So kann er uns unseren Hang zum Bösen am besten offenbaren, denn sein Geist führt uns in die Wahrheit. Dann können wir seine Gnade und heilende Kraft nur noch tiefer anbeten.

Fünftens ist es wichtig zu wissen, daß beständiger Gehorsam der sicherste Weg zur Vermeidung von Selbsttäuschung ist. Wenn wir diesen gehorsamen Wandel im Licht ignorieren, wird das Licht immer schwächer. Und bald wandeln wir nur noch in einer zwielichtigen Zone, der völlige Finsternis folgen kann. Unsere geistliche Sensibilität nimmt ab und all die kniffligen, schwer durchschaubaren Selbsttäuschungen unseres Herzens beginnen von neuem. Es dauert nicht lange, und wir fangen an alles zu entschuldigen und psychologisch zu erklären. Schließlich schieben wir alle Schuld anderen zu. Dann besteht sogar die Möglichkeit, daß wir in schwere sittliche Sünden fallen und sie auch noch entschuldigen. Sind wir nicht auf der Hut, so fangen wir an zu philosophieren, unsere Theologie und unser Denken zu ändern, um unserer Sünde den Anschein des Noch-Schicklichen und des „Kavaliersdeliktes" zu geben.

Ja, unsere Herzen sind trügerisch. Weil Gott jedoch durch sein Wort und seinen Heiligen Geist in die tiefsten

Tiefen unserer Seele hineinreicht, kann er uns ändern. Er kann uns neue Herzen geben, die frei sind von aller Falschheit.

## Zur Besinnung

1. Welches ist die schlimmste Art von geistlichem Herzleiden?
2. Fallen Ihnen ganz bestimmte Methoden ein, durch die Menschen sich gegenseitig täuschen?
3. Warum geben sich Ihrer Meinung nach Menschen große Mühe, ihre Schuld zu verbergen?
4. Wie kann man Selbstbetrug begegnen und was wurde bisher dazu gesagt? Kommen Ihnen noch andere Wege in den Sinn, um sich vor Selbsttäuschung zu schützen?
5. Fallen Ihnen Bereiche bei sich selbst ein, bei denen der Heilige Geist Sie auf Selbsttäuschung aufmerksam gemacht hat?

# 3. Das abtrünnige Herz

*Ihm wollten unsere Väter nicht gehorsam werden, sondern sie stießen ihn von sich und wandten sich in ihrem Herzen wieder Ägypten zu."*
*(Apg. 7,39)*

Was kennzeichnet ein abtrünniges Herz? Es ist ein Herz, wie es in Apg. 7,39 beschrieben ist, das sich wieder „Ägypten zuwendet". Das abtrünnige Herz ist das „rückfällige Herz", das schon die Hand an Christi Pflug gelegt hat, dann aber zurückblickt, sich zurücksehnt und schließlich wieder zurückfällt.

Wir finden ein Beispiel und Anschauungsobjekt für ein abtrünniges Herz am Lebensschicksal Sauls im Alten Testament!

## Ein Mann mit großem Potential

In 1. Samuel 9,2 lesen wir von Sauls Jugend. Er war ein stattlicher junger Mann, der mit Kopf und Schulter die andern überragte. Ein außergewöhnlicher Mensch, ein Junge mit Talent, ein Naturbursche und ein geborener Menschenführer! Er hatte das Zeug zur Größe — sowohl in guter wie in schlechter Hinsicht. Neutral bleiben konnte er nicht. Von seinen Anlagen her gesehen steckte ein großer Heiliger und ein großer Sünder in ihm.

Sicher werden Menschen wie Saul dieses Buch lesen. Solche Menschen setzen alles auf eine Karte. Als Eleanor Roosevelt, die Frau von Franklin Roosevelt starb, bemerkte ein Kommentator, daß man sie entweder sehr liebte oder intensiv haßte. Eines konnte man nicht: man konnte sie nicht ignorieren! Dasselbe galt für Saul.

In Samuel 9,21 nähert sich Samuel Saul mit dem Anliegen, ihn zum König zu krönen. Und wie reagiert Saul? Sagt er etwa: „Ich habe sicher das Zeug dazu und bin gar nicht überrascht, daß du mich ausgewählt hast."? Nein, Saul war überrascht. Er war trotz seiner Talente und Möglichkeiten demütig. Das war eine gute Voraussetzung. Nichts ist ärgerlicher als ein arroganter Jugendlicher. So erwählte Samuel, durch den Geist Gottes geleitet, Saul als ersten König Israels.

Dann salbte Samuel ihn und prophezeite Saul: „Der Geist des Herrn wird über dich kommen, daß du mit ihnen in Verzückung gerätst; da wirst du umgewandelt und ein anderer Mensch werden. Wenn bei dir nun diese Zeichen eintreffen, so tu, was dir vor die Hände kommt; denn Gott ist mit dir" (1. Samuel 10,6-7). Welch wunderbare Weissagung! Saul würde den Heiligen Geist bekommen und ein neuer Mensch werden!

Dann berichtet uns 1. Samuel 10,9: „Gott änderte Sauls Herz, und alle Zeichen erfüllten sich an jenem Tag." Gott gab Saul ein neues Herz! Kann die Echtheit von Sauls religiöser Erfahrung etwa angezweifelt werden? Nein. Denn in 1. Samuel 10,10 heißt es weiter: „Und der Geist Gottes geriet über ihn, daß er mit ihnen in Verzückung geriet und mit ihnen prophezeite." Tatsächlich erhielt er soviel von der göttlichen Gabe, daß es damals zum Sprichwort wurde und die Runde unter den Leuten machte, Saul sei „unter den Propheten".

Das ist wirklich wunderbar! Hier haben wir es nicht nur mit einem jungen Mann mit außergewöhnlichen natürlichen Begabungen zu tun, sondern auch noch mit einem übernatürlichen Reservoir an göttlicher Kraft. Er wurde ein vollmächtiger Mann Gottes. Natürliche Begabungen plus übernatürliche Gaben, der edelste menschliche Geist unter der vollen Regierung des Heiligen Geistes!

Und wie ging's weiter? Wurde Saul sogleich stolz, geistlich eitel und hochmütig und hielt mehr von sich als er sollte? Nein, genau das Gegenteil war der Fall. Als Samuel kam und die Stämme antreten ließ, waren alle zur Stelle bis auf Saul.

Er versteckte sich „hinter dem Troß" (1. Samuel 10,22). Doch er war zu groß und auffallend. So fanden ihn die Leute und zogen ihn aus seinem Versteck. Sie riefen: „Lang lebe der König!" Das war doch ein feiner Zug von Saul, oder? Die größten Heiligen haben sich nie als Heilige gefühlt. Oft überraschen sie uns durch ein Eingeständnis ihrer Schwachheit. Bis heute protestieren sie gegen jedes Lob. Warum? Weil ein Mensch sich seiner Schwachheit um so mehr bewußt wird, je mehr er sich Gott nähert. Dann wird ihm die völlige Abhängigkeit von der Kraft Gottes immer klarer.

Der Evangelist Billy Graham sagt oft: „Ich weiß, daß ich ein ganz gewöhnlicher Prediger bin. Ich weiß auch, daß Gott seine Hand über mir hält, wenn irgend etwas geschieht. Und ich weiß auch, daß Gott mir seine Hand entziehen wird, wenn ich die Erfolge auf mein eigenes Konto buche." Er hat recht. Saul wußte das auch. Weil er sich der eigenen Schwachheit bewußt war, versteckte er sich demütig.

So wurde Saul König. Doch Macht verdirbt oft den Charakter. Es scheint, als seien die Menschen nur demütig und ließen sich etwas sagen, solange sie die Leiter des Erfolgs noch nicht erklommen haben. Sind sie erst oben, werden sie schnell arrogant, stolz, unerbittlich und absolut unbelehrbar. Jeder um sie herum muß leiser treten; denn ihr Ego ist ja so zart und zerbrechlich!

Saul war mittlerweile König. Doch längst nicht alle waren zufrieden. Einige Leute sagten: „Wir haben da vielleicht einen König! Wie kann der uns wohl helfen?" Sie verachteten ihn. Und wie reagierte Saul? Wurde er ärgerlich? Tobte er: „Ich werde diesen Burschen zeigen, wer hier Herr im Haus ist! Jetzt bin ich der König!" Nein, in 1. Samuel 10,27 wird uns berichtet: „Aber er tat, als hörte er's nicht."

Man kann einen rechten Christen daran erkennen, wie er mit den eigenen Fehlern umgeht und wie er auf Angriffe anderer reagiert — auf Widerspruch, Kritik und Opposition. Saul wurde gut damit fertig. Später erwies er sich als echter König, denn als er die Chance hatte, mit seinen Kritikern abzurechnen, war er gnädig und vergab ihnen.

Das sind auch rechte Anzeichen eines Christen. Wie geht er mit seinen Feinden um? Wie antwortet er ihnen? Eine ruhige Antwort ist eine der großen Früchte des Geistes. Und Saul beweist, daß er diese Frucht besitzt.

Nun wächst Saul immer mehr in der Gnade. Er ist ein mächtiger Gottesmann geworden, ein König, ein Prophet. Gott hat ihm ein neues Herz gegeben, und das neue Herz veränderte ihn. Saul weist Früchte eines erneuerten Lebens auf, eines Lebens, das durch den Heiligen Geist regiert wird.

## Der wahre Test

Nun möchte ich, daß wir zurückdenken, nicht etwa an Saul, sondern an uns. Kommt uns diese Geschichte irgendwie bekannt vor? Nicht bis in alle Einzelheiten — aber vielleicht war da auch einmal ein neues Herz und ein verändertes Leben. Wir konnten Geistesfrüchte an uns wahrnehmen, die wir uns niemals zugetraut hätten. Zorn und Empörung verschwanden. Wir vergaben den anderen gern und wurden mit Widerständen und Versuchungen fertig. Wir konnten auch sagen: „Gott hat mir ein neues Herz gegeben. Sein Geist ist über mich gekommen. Ich bin siegreich im Kampf und bezwinge die Welt."

Bis hierhin zeigen uns Sauls Geschichten solch ein schönes, begeisterndes Bild, das voller Verheißungen für die Zukunft ist. Bald jedoch sammeln sich Saul und seine Männer zu einer großen Schlacht. Die Philister ziehen mit einer gewaltigen Heeresmacht heran. Der König und seine Armee sind in Schrecken. Sie verbergen sich sieben Tage.

Warum? Sie warten auf Samuel. Er sollte die nötigen Opfer bringen und die Gebete sprechen. Gott hatte ihnen einige erstaunliche Siege geschenkt. Doch nun wandten sie ihre Augen von Gott weg und sahen auf die Philister und die Macht der Feinde. Sie warteten und warteten und warteten, kein Zeichen von Samuel, kein Wunder von Gott.

Dann handelte Saul und tat etwas Unüberlegtes, etwas, das ihm eigentlich nicht zustand: er opferte selbst die Brandopfer und wartete nicht auf Samuel.

In diesem Augenblick erschien der Prophet Samuel und merkte, was Saul getan hatte und ging streng mit ihm ins Gericht: „Du hast töricht gehandelt und hast die Anweisungen nicht befolgt, die Gott, der Herr, dir gab ..." (1. Samuel 13,13).

„Moment mal", werden Sie nun einwenden, „Sauls Sünde erscheint mir nicht sehr schwer." Aber sie war sehr schwer. Es handelte sich um direkten Ungehorsam gegenüber einem wohlbekannten Gebot Gottes. Es war ungeduldiger Unglaube. Es war der Geist der Ungeduld, des Nicht-warten-könnens. „Ich kann einfach nicht länger auf Gott warten", und: „Es sieht so aus, als hätte Gott uns irgendwie vergessen. Da will ich die Sache lieber selbst in die Hand nehmen."

Kommt uns das nicht bekannt vor? Wie eng hängen doch Ungeduld, Unglaube und Ungehorsam zusammen!

Ich kenne einen jungen Menschen, bei dem es zunächst schien, als wüßte er genau, was Gott mit seinem Leben vorhat und wozu er berufen war. Tief im Innern wußte er es auch, aber er konnte es nicht abwarten. Vielleicht hatte er insgeheim doch Angst vor dem, was Gott von ihm verlangen könnte. So ergriff er überstürzt einen anderen Beruf, ohne auf Gottes Führung zu warten.

Oder ein junges Mädchen fühlt sich vielleicht unsicher, innerlich leer und einsam. Es fragt sich, ob es überhaupt jemals heiraten wird und denkt viel zuviel darüber nach. Die Sache wird zur fixen Idee, zum überdimensionalen Angstgespenst. Statt nun Gottes Führung abzuwarten, statt Gott zuzutrauen, daß er auch das regeln kann, nimmt es die Dinge selbst in die Hand.

Ein Mangel an Vertrauen führt beide direkt in den Ungehorsam. Da begegnen ihnen Partner, deren geistliche Werte total anders gepolt sind. So werden sie Gott ungehorsam. Die Dinge laufen schlechter und schlechter und enden in totaler Verwirrung.

Es ist wahrscheinlich nicht schwer, Parallelen zu ziehen. Unsere speziellen Probleme mögen anders aussehen. Doch der Inhalt des Pakets ist derselbe. Man erkennt genau, daß das Herz sich abgewandt hat.

# Furcht vor andern

Der zweite Ungehorsam des Saul war noch einschneidender. Gott hatte Saul geboten, die Amalekiter vollständig auszurotten. Sie sollten ganz vernichtet werden, das ganze Vieh und der Besitz. Nichts sollte übrigbleiben.

Doch was geschah? Saul sah weg von Gott, hin auf das Volk und die Besitztümer. Er verschonte den König und einige Beutestücke. Später sagte er: „Ich habe gesündigt. Ich hatte Angst vor dem Volk, und so gab ich nach."

Wenn wir aufhören, Gottes Stimme zu gehorchen, finden wir immer Menschen wie dieses Volk, auf das wir hören, um uns eigene falsche Überlegungen bestätigen zu lassen.

Unglück kommt selten allein. Es sucht Gesellschaft. Der abtrünnige Mensch ist der unglücklichste von allen. Er liebt es durchaus nicht, die Reise zurück nach Ägypten allein zu unternehmen. Er möchte, daß noch andere mit ihm ziehen. Und meistens findet er auch viele Rückfällige, die mit ihm gehen.

Die Bibelstelle verrät uns: „Saul hat sich von Gott abgewandt und das Gebot des Herrn nicht gehalten."

Saul versuchte, seine Sünde und seinen Ungehorsam durch falsche Aktivitäten zu kaschieren. Er baute einen Altar, und als Samuel am nächsten Morgen kam, rief Saul: „Lobe den Herrn, Samuel! Ist dies nicht ein wunderbarer Tag? Ein großer Tag, den Herrn zu preisen! Ich habe dem Herrn schon einige Brandopfer gebracht. Echte Erweckungsversammlungen! Wie schön, daß du auch kommst, Samuel!"

Samuel weinte und betete die ganze Nacht. So leicht war er nicht zu beeindrucken. „Saul", sagte er, „mir ist, als hörte ich das Blöken von Schafen und das Brüllen von Rindern."

„Natürlich. Das stimmt", erwiderte Saul, „weißt du, wir haben das Beste vom Vieh (der Amalekiter) verschont, um es dem Herrn, deinem Gott, zu opfern!"

Die nun folgende Rede Samuels ist eine der großartigsten Passagen des Alten Testamentes, die Samuel mit den Worten beschließt: „Gehorsam ist besser als Opfer" (1. Sam. 15,22). Kommt uns das nicht irgendwie bekannt vor? Wenn wir eine innere geistliche Leere verbergen wollen, wie schnell verstecken wir uns dann hinter den Äußerlichkeiten des Glaubens! Wir äußern vielleicht ein paar Dinge über unsere Heimkehr zu einem einfachen Lebensstil, doch unser Leben erzählt etwas anderes. Wir behaupten, bescheiden zu sein, aber unser offensichtliches Streben nach Besitz beweist das Gegenteil. Wir behaupten, Gott zu lieben, aber die anderen sind der Meinung, unser dickes Ich sitzt bei uns immer noch auf dem Thron.

Nachdem Samuel Saul „die Leviten gelesen" hat, sehen die Dinge für den König hoffnungsvoller aus. Saul scheint zu bereuen. Er gibt seine Schuld zu. Er bittet um Sündenvergebung. Doch betrachten wir Sauls Antwort einmal etwas genauer, als er sagt: „Bitte, ehre mich doch jetzt vor den Ältesten meines Volks und vor Israel und kehre mit mir um, daß ich den Herrn, deinen Gott, anbete" (1. Sam. 15,30). Saul will umkehren und Gott anbeten, aber er äugt gleichzeitig hinüber zum Volk. Sein guter Ruf existiert nur noch an der Oberfläche. Er hat „das Gesicht verloren" und empfindet Gewissensbisse, zeigt aber keine echte Reue.

Und bald kommt es zu einem schrecklichen Moment in Sauls Leben: „Der Geist des Herrn aber wich von Saul, und ein böser Geist vom Herrn ängstigte ihn" (1. Sam. 16,14). Unser Innerstes ist immer von irgend etwas ausgefüllt oder „besessen". Wir sind nun einmal so gebaut. Im menschlichen Herzen gibt es kein Vakuum. Es ist immer mit etwas gefüllt. Und wenn der Heilige Geist uns verläßt, sind wir ungeschützt unheiligen Geistern preisgegeben.

Werfen wir einmal einen Blick auf die bösen Geister, die nun in Sauls Leben kamen. Zunächst befiel ihn der Geist tiefer Depression. Saul brauchte David, den Musiker, der oft für ihn spielen mußte, um seine Seele zu beruhigen.

An Saul zeigte sich jetzt auch der Geist des Zorns und des Neides. Als der Geist Gottes noch sein Leben regierte, vergab er seinen Feinden. Er ließ Gnade vor Recht ergehen, selbst als alle ihm rieten, sich zu rächen. Jetzt aber ist er zornig und neidisch. Er duldet keine Konkurrenz.

Saul sah David „scheel an" (1. Sam. 18,9), denn David erschien als der von Gott auserwählte und gesegnete Leiter seines Volkes auf der Bildfläche. Sauls Eifersucht verwandelte sich in wachsende Furcht. Als Gott in sein Leben trat, war er ganz sicher, daß er von ihm gebraucht würde. Jetzt treibt seine Unsicherheit ihn in die Paranoia (Wahnsinn). Und sehr bald schleudert Saul einen Wurfspieß nach David. Denn David ist nun ein Mann Gottes.

## Umkehr zu Gott

„Abtrünnigwerden" beginnt mit vielen kleinen Anzeichen und normalerweise dann, wenn wir die Dinge selbst in die Hand nehmen, jedoch nicht unbedingt „grobe Sünden" begehen. Dann kommen all die alten Schwächen zurück in unser Leben: Neid, Eifersucht, Empörung, Mißtrauen, Zorn.

Haben Sie schon gemerkt, wie kritisch Sie werden, wenn Ihr geistliches Leben ins Wanken kommt? Wie Saul fangen wir dann an, „spitze Pfeile" auf andere zu schießen — oft sogar gegen diejenigen, die intensiv mit Gott wandeln. Ihre Heiligkeit ist uns ein Dorn im Auge.

Ich weiß nicht, wie es bei andern ist. Wenn ich jedoch Jesus Christus den Thron in meinem Herzen entziehe, erlebe ich sofort eine ganze Reihe emotionaler Schwierigkeiten. Alte Vorstellungen, Gefühle und Versuchungen, die normalerweise keine Macht mehr über mich haben, nehmen erschreckende Ausmaße an. Sie kehren mit furchtbarer Macht zurück. Dinge, die wirklich keine Versuchung mehr darstellen, ziehen mich auf einmal hinunter.

Und dann kommt auch bald das Ende für Saul. Er gerät in Schwierigkeiten. Und an wen wendet er sich? Nicht an Gott. Saul verbringt seine letzte Nacht auf dieser Erde bei einer Hexe, seinem spiritistischen Medium, einer Frau, die sich aus Liebhaberei mit bösen Geistern beschäftigt. Und sein letzter Akt ist sein eigener geistlicher Selbstmord.

Sauls Geschichte ist so tragisch, weil er nie wieder zum Herrn zurückfand. Er wandte sich von Gott ab und der Sünde zu. Das aber sollte niemals die Geschichte unseres eigenen Lebens sein!

Wir haben als Beispiel Petrus, der auch ein abtrünniges Herz hatte und sich von seinem Herrn abwandte. Petrus hörte nur auf die Leute und verleugnete Jesus in einem entscheidenden Augenblick. Petrus wandte sich geistlich von Christus ab. Doch das ist nicht das Ende der Geschichte. Die Bibel sagt, daß Jesus in der betreffenden Situation Petrus einen Blick zugeworfen hat. Weil Jesus Petrus liebte und ihm vergab, konnte Petrus sich Jesus wieder zuwenden und ein bedeutender christlicher Leiter werden.

Auch wir können uns Jesus wieder erneut zuwenden. Wir können zu Gott zurückkommen, weil der Heilige Geist uns ständig begleitet und weil seine Liebe uns nicht losläßt.

## Zur Besinnung

1. Was kennzeichnet ein abtrünniges Herz?
2. Welche Ereignisse berichten uns von Sauls verändertem Herzen — bevor er so töricht handelte?
3. Welche Unterschiede bestehen zwischen Sauls Leben und dem Leben des Petrus? Wie haben ihre Entscheidungen ihr weiteres Leben beeinflußt?

# 4. Das bußfertige Herz

*Die Opfer, die Gott gefallen, sind ein geängsteter Geist; ein geängstetes, zerschlagenes Herz wirst du, Gott, nicht verachten.*

(Psalm 51,19)

*Denn die Traurigkeit nach Gottes Willen bewirkt eine Reue zum Heil, die niemals gereut; die Traurigkeit der Welt aber bewirkt den Tod.*

(2. Kor. 7,10)

Ich lasse dem Kapitel vom abtrünnigen Herzen das Kapitel des bußfertigen Herzens folgen. Das einzige Heilmittel für ein Herz, das sich von Gott abgewandt hat, ist ein neuer Geist. Das Psalmwort macht klar, daß es sich um einen demütigen Geist mit einem neuen Herzen handelt, das jetzt gütig, zartfühlend und fügsam ist. Und der einzige Weg zu einem ruhig gewordenen Herzen ist über eine wunderbare „Operation" zu erreichen, die wir eine Wiedergeburt oder Erneuerung nennen. Dabei tauscht der göttliche Arzt das alte, steinerne Herz aus und schenkt uns ein neues, fleischernes Herz. Notwendig dazu ist nur die Bereitschaft des Menschen, sich ein solches bußfertiges Herz schenken zu lassen.

Im Alten Testament wird also auch das erwähnt, was man im Neuen Testament mit dem großartigen Schlüsselwort „Buße" bezeichnet.

Was ist „Buße"? Was meint die Bibel, wenn sie von der Buße eines zerschlagenen Herzens und eines geängsteten Geistes spricht?

# Eine unpopuläre Idee

Heutzutage ist der Begriff der Buße eher unpopulär. Ganz anders als im Neuen Testament haben wir das Wort „Buße" ziemlich entstellt, so daß es schwach und wirkungslos geworden ist.

Ich hörte einmal von einem ängstlichen Pastor, der eine Predigt über die Buße hielt. Da er niemanden beunruhigen oder verletzen wollte, begann seine Predigt wie folgt: „Solange ihr nicht zur Buße bereit seid – wie geschrieben steht – solange ihr nicht eure Sünden bekennt – wie es heißt – solange ihr nicht von euren bösen Wegen umkehrt – gewissermaßen – solange ihr euch nicht bekehrt – sozusagen – werdet ihr bestimmt verlorengehen – wenn ich das so ausdrücken darf." Ganz anders als dieser vorsichtige Geistliche spricht Gottes Wort eine deutliche, kraftvolle Sprache über die Buße.

Haben wir wirklich schon einmal ernsthaft Buße getan? Diese Frage ist schwer zu beantworten; denn das Wort „Buße" ist von Christen oft mißverstanden worden.

So wollen wir nachsehen, was die Schrift uns über das Wesen der Buße zu sagen hat. Vielleicht ist es hilfreich, zuerst nachzuschauen, was Buße nicht ist.

Erstens ist die Buße nicht nur Sündenerkenntnis, sie ist mehr als das Wissen, daß ich sündige oder Unrecht tue. Bestünde Buße nur in diesem Wissen, so wäre das Problem einfach. Wir brauchten nur die Gebote zu predigen und zu zeigen, wo sie übertreten werden. Man könnte das überall auf der Welt predigen, und die Menschen würden zugeben, daß sie nach ihren eigenen Wertmaßstäben leben und oftmals gegen ihr Gewissen handeln. Die meisten Leute erkennen sehr wohl, daß sie falsch handeln und sündigen. Doch ein generelles Bewußtsein der Schuld ist noch keine Buße.

# Mitleidig und nicht bußfertig

Buße bedeutet nicht nur, die Sünden zu bedauern. Das würde nämlich nicht mehr bedeuten, als daß man die Konsequenzen der Sünde bedauert. Viele von uns bedauern es, gesündigt zu haben und bedauern tief, in manchen Schlamassel geraten zu sein. Trotzdem wissen sie ebenso tief, daß sie wahrscheinlich dasselbe noch einmal tun würden, wenn keine Konsequenzen folgen würden.

Oftmals wird eine Schuld nur bedauert aus Angst vor den Konsequenzen oder aus Trauer über die Vergangenheit. Vielleicht erinnern wir uns in diesem Augenblick an verpaßte Gelegenheiten oder eine vergeudete Jugend. Vielleicht erinnern wir uns, wie wir an einer Wegkreuzung unseres Lebens die falsche Richtung eingeschlagen haben. Oder vielleicht fällt uns auch ein Augenblick ein, in dem wir es versäumt haben, auf unseren guten Ruf zu achten. Doch eine Buße, die nur bedauert, ist sehr egozentrisch.

Es gibt in der Bibel mehrere anschauliche Beispiele solch egozentrischer Buße. Wir erkennen sie bei Esau, als er verzweifelt vor seinem Vater kniet, weil er den Segen und das Erstgeburtsrecht verloren hat. Und wie klar zeigt Hebräer 12,16-17 den Unterschied zwischen Esaus reumütigem Bedauern — das sich sogar in Reuetränen äußert — und wirklicher Reue. Da lesen wir:

> *„... Esau, der für eine einzige Mahlzeit sein Erstgeburtsrecht verkaufte. Ihr wißt ja, daß er später, als er den Segen erben wollte, verworfen wurde, denn er fand keine Gelegenheit mehr zur Umkehr, obwohl er sie unter Tränen suchte."*

Esau sehnte sich nach seinem verlorenen Erstgeburtsrecht und dem Segen, der damit verbunden war. Er sehnte sich nicht nach einer Sinnesänderung, die den Verkauf des Erstgeburtsrechtes verhindert hätte. Esau weinte über seinen Verlust, doch seine Grundhaltung gegenüber den Werten änderte sich nicht.

Wie so viele Menschen zeigte Esau Schuldgefühle, die mit Schmerz über den Verlust und Bedauern vermischt waren. Das machte ihm Kummer, bewirkte aber keine echte Buße.

Pharao ist ebenfalls ein anschauliches Beispiel für ein Bedauern, das nur um sich selber kreist. Er zeigte sich jedesmal nachgiebig, als die unangenehmen Plagen über ihn kamen, doch war nichts von einer echten Sinnesänderung in seinem Leben zu erkennen.

Eines Nachts kam einmal eine Mutter mit ihrer Tochter ratsuchend zu mir ins Pfarrhaus. Das Mädchen war unverheiratet und schwanger. Es hatte wirklich Angst und weinte bittere Tränen der Reue. Ich sprach so mitfühlend zu beiden, wie es mir möglich war. Keine der beiden kam oft in die Kirche, trotzdem versuchte ich zu helfen. Wir planten, das Mädchen bei einer entfernten Tante unterzubringen. Dazu versprach ich, mich um Adoptiveltern für das Baby zu bemühen.

Zehn Tage später erschien die Mutter wieder bei mir. Sie hätten sich geirrt, das Mädchen sei nicht schwanger. Danach bemerkte ich im Verhalten der Tochter eine Veränderung. Jetzt, da die Not vorbei war, kehrte das Mädchen ganz zu seinem früheren Lebensstil zurück. Was sie gezeigt hatte, war Schmerz und Bedauern, nicht aber Buße.

Vielleicht ist das alles bei uns nicht so kraß und ins Auge fallend. Doch wie oft haben wir nur oberflächlich bereut? Wie oft haben wir geweint, nicht etwa, weil wir gegen die Heiligkeit Gottes verstoßen haben, sondern weil die Sünde Schwierigkeiten und Probleme in unser Leben gebracht hat?

## Nicht nur Reue

Drittens bedeutet Buße nicht nur Reue. Obwohl Reue einer der stärksten Ausdrücke ist, den wir für Buße gebrauchen können, ist Reue noch etwas anderes als Buße. Reue ist zwar ein tieferes Gefühl als Bedauern oder Furcht vor den Konsequenzen, doch sie bewirkt die Traurigkeit der Welt, die zum Tode führt. Sie ist nicht die göttliche Betrübnis, die zum Leben führt.

Judas, der Verräter Jesu Christi, ist ein anschauliches Beispiel für jene Traurigkeit der Welt, die zum Tode führt. Dieser Judas war voll tiefster Reue, voll bitterster Verzweiflung. Doch es war im Grund nur Selbstbedauern und Selbstverzweiflung.

In Dorothy Sayers Drama „The Man Born to Be King" (Victor Gallancy, Ltd. London, 1942, pp. 275-76) steht Judas vor dem Hohenpriester. Er wirft die dreißig Silberlinge auf den Boden und schreit: „Auf der ganzen Welt ist kein Priester, kein Opfertier rein genug, um diese Schuld abzuwaschen ... Ist Gott gnädig? Kann er vergeben? ... Was würde mir das helfen? – Jesus würde vergeben ... und meine Seele würde sich für immer unter den Qualen dieser Vergebung winden ... Kann mich irgend etwas in meinen eigenen Augen reinwaschen? Mich befreien von diesem Abscheu vor mir selbst?" Judas spürt ein ausgeprägtes Schuldgefühl, große Bitterkeit und Verzweiflung über seine schreckliche Tat. Doch das war nur Reue, keine Buße.

# Wahre Buße

Und was ist echte Buße? Während Reue einer Sackgasse gleicht, ist Buße wie eine Autobahn. Während wir bei der Reue nur auf uns selbst blicken, leitet Buße uns dazu, auf Gott zu sehen. Bei der Reue mögen wir uns selbst hassen, zugleich aber heimlich unsere Sünden nicht verwerfen. Buße läßt uns unsere Sünden hassen und gleichzeitig unseren Heiland lieben.

Buße steht immer in Beziehung zu Gott. Sie ist das Resultat göttlicher Betrübnis über die Sünde, und das ist etwas anderes als nur Bedauern, nur Angst oder nur Reue.

Die folgende Geschichte soll uns den Unterschied veranschaulichen. Ein Flugzeug, von Rom kommend, bekommt über den Alpen Schwierigkeiten mit dem Motor. Drei oder vier Motoren fallen aus. Fast 12.000 l Treibstoff werden im Notwurf abgelassen, um eine mögliche Explosion zu verhindern. Ein Komiker sitzt in der vorderen Reihe neben einem Kaplan, der leise betet. Der Komiker reißt Witze, um seine Mitpassagiere abzulenken. Schließlich muß das Flugzeug auf einem Heufeld notlanden. Als alle sicher auf dem Boden sind, wendet sich der Komiker an die noch vor Angst wie versteinert dasitzenden Passagiere und frotzelt: „Nun, meine Damen und Herren, jetzt können Sie alle wieder zu Ihren schlechten Gewohnheiten zurückkehren, die Sie vor zwanzig Minuten aufgeben wollten!"

Dies ist, etwas ironisch, ein Beispiel für eine falsche Buße, die aus der Angst kommt. Sie ist tatsächlich kurzlebig und vorübergehend. Paulus sagt: „Die göttliche Traurigkeit aber wirkt zur Seligkeit eine Reue, die niemand gereut."

Buße ist das Resultat einer Traurigkeit, die nicht nur

von einem schlechten inneren Gefühl oder von Gewissensbissen kommt, sondern von der Betrübnis über die Sünde, über ihre Verdorbenheit im Licht der Heiligkeit Gottes.

Es ist wie bei jenem Mann, der in einem Brief an das Finanzamt schrieb: „Sehr geehrte Damen und Herren, ich kann nicht mehr schlafen. Mein Gewissen quält mich. Hier schicke ich Ihnen einen Scheck über DM 100,--. Wenn ich danach immer noch nicht schlafen kann, erfolgt ein weiterer Ausgleich."

Viele Leute kommen zum Altar und weinen bittere Tränen der Reue, machen ein Teilgeständnis, eine Art „Pseudo-Buße". Danach mögen sie sich besser fühlen. Vielleicht schlafen sie sogar besser. Trotzdem haben sie nicht Buße getan. Buße bedeutet nämlich nach dem Neuen Testament eine völlige Sinnesänderung. Einen Sinneswandel bezüglich einer bestimmten Sünde, die einem zu schaffen macht!

Unsere Sünden können uns leid tun. Doch die Frage ist: Ändern wir unsere Grundhaltung gegenüber der Sünde? Was ist, wenn die große Traurigkeit uns überfällt? Blicken wir innerlich in dieselbe Richtung wie vorher? Oder kehren wir um?

Göttliche Betrübnis bewirkt eine Änderung des Verhaltens und der Richtung. Denn wahre Buße ist nicht nur Sündenerkenntnis, nicht nur Bedauern über ihre Konsequenzen, nicht nur Reue über eine sündige Vergangenheit. Echte Buße ist Sündenerkenntnis, Bedauern und Reue, verbunden mit einer tiefreichenden, persönlichen, alles durchdringenden Revolution des Verhaltens und des Standpunktes gegenüber der Sünde und gegenüber Gott. Wahre Buße sieht mit Abscheu zurück auf die Sünde – hin zu Christus. Buße ist der Wendepunkt in der Geschichte einer Seele!

Buße ist der Augenblick der Entscheidung, in dem wir, die wir zur Sünde ja und zu Gott nein gesagt haben, nun umkehren und ja zu Gott und nein zur Sünde sagen. Unsere Gefühle spielen dabei gar keine Rolle. Wichtig ist nur unser Wille. Wir müssen die Umkehr wollen! Dieser Willensakt kann sogar gegen jedes Gefühl in uns sein. Man kann in aller Schwachheit vielleicht so beten:

*Herr, du weißt, daß ich eigentlich nicht will. Du weißt, daß es bestimmte Ideale und Sünden in meinem Leben gibt, die ich eigentlich nicht aufgeben möchte. Doch ich weiß auch, daß ich sie aufgeben sollte. Und ich weiß, daß es für mich keine Chance und keine Veränderung gibt, solange ich es nicht tue. Darum, Herr, bin ich bereit, daß Du mich willig machst!*

Fulton Oursler, ein ehemaliger Redakteur von „Reader's Digest" und ein großartiger Christ, der das feine Buch „The Greatest Story Ever Told" geschrieben hat, war früher überzeugter Agnostiker. Doch eines Tages wanderte er entmutigt über die Fifth Avenue in New York City und betete dabei inständig:

*Herr, in zehn Minuten ändere ich vielleicht wieder meinen Sinn, spotte darüber und falle in alte Sünden zurück. Dann achte bitte nicht auf mich. Denn im Augenblick ist Umkehr mein einziger Herzenswunsch: Nimm ihn an und vergiß alles andere! Und wenn es dich wirklich gibt, dann hilf mir!*

Oursler berichtet, daß er in diesem Augenblick eine Kehrtwendung um 180 Grad vollzogen und an nichts anderes mehr gedacht hat, weder an widerstreitende Gedanken noch an widerstrebende Gefühle. Und Gott akzeptierte das; denn Oursler war fest entschlossen, eine Kehrtwendung zu machen und Gottes Willen zu folgen. Er berichtet weiter, wie er innerhalb von zwei Wochen tatsächlich große Veränderungen an sich und seinem Lebensstil feststellte.

Zur wahren Buße gehört eine geistliche Kehrtwendung. Wir müssen klar und entschieden mit bewußten Sünden in unserem Leben brechen und uns ebenso klar und entschieden Jesus Christus ausliefern.

Zur Buße gehört nämlich ein zerschlagenes Herz — nicht mürbe gemacht zur Sünde, sondern von der Sünde. Buße verlangt ein bußfertiges Herz. Ein bußfertiges Herz aber bedeutet völlige Übergabe an Jesus Christus.

Nach dem Tod von Thomas Barclay, dem großen Missionar der Presbyterianer auf Formosa, entdeckte jemand in seinen Papieren eine Notiz seiner Übergabe an Christus mit dem Datum seines sechzehnten Geburtstags, als er Student an der Universität Glasgow war. Bis zu seinem fünfundachtzigsten Geburtstag hatte er seine Unterschrift auf diesem Dokument jedes Jahr an seinem Geburtstag erneuert. Und während seiner Ehejahre hat seine Frau ihre Unterschrift in jedem Jahr dazugesetzt. Diese Übergabe an Gott sah folgendermaßen aus:

*Heute übergebe ich mich Dir, Herr Jesus Christus, von ganzem Herzen und sage allen andern Herren ab, die früher Gewalt über mich hatten. Dir, Herr Jesus, weihe ich alles, was ich bin und habe: die Talente meines Geistes, die Glieder meines Leibes, meine weltlichen Güter, meine Zeit und meinen Einfluß auf andere. Ich möchte ganz zu deiner Ehre gebraucht und im Gehorsam gegenüber deinen*

*Geboten in Dienst genommen werden — solange du mir dieses Leben gibst ... Ich übergebe mich ganz deiner Führung. In deiner unendlichen Weisheit wollest du über mich verfügen, wo und wie ich deiner Ehre nützlich sein kann. Dir übergebe ich die Leitung meines Lebens und sage ohne Vorbehalte: „Ja, Vater, nicht mein, sondern dein Wille geschehe!" (Band, Edward, Barclay of Formosa, Christian Literature Society, Ginza, Tokyo, 1936, pp. 13-14.)*

Es ist nicht leicht, solch eine Art von Übergabe zu vollziehen. Sie wird aufrechterhalten in täglichem, anhaltendem Gehorsam gegenüber Christus und beständiger Abkehr von der Sünde. Man kann sagen, zur bedingungslosen Übergabe gehört die Bereitschaft zu anhaltendem Gehorsam.

An diesem Punkt machen viele von uns Fehler. Wir bereuen zwar und übergeben uns Christus. Wir bitten im Glauben um das Erfülltwerden mit dem Heiligen Geist. Doch dann machen wir weiter, als sei dies schon alles. In Wirklichkeit aber ist dies erst der Anfang. Jetzt kommt unser bußfertiges Herz auf die Teststrecke. Nun muß unter Beweis gestellt werden, daß unsere Umkehr echt war, indem wir täglich „im Geist wandeln" und den Weg des Gehorsams gehen. Und so schwierig dieser Weg auch sein mag, er beschert den Gläubigen unzählige Belohnungen, denn er bedeutet einen immer vertrauteren Umgang mit Christus, eine wachsende Ähnlichkeit (Ebenbildlichkeit) mit ihm und eine ständige, zunehmende Erfahrung im Sieg über die Sünde!

# Zur Besinnung

1. Wie wichtig ist nach der Schrift ein bußfertiges Herz?
2. Warum ist wohl Buße zum unpopulären Thema geworden?
3. Welches sind die Hauptunterschiede zwischen echter und unechter Buße?
4. Welches sind sogenannte alltägliche Sünden, von denen die Leute sich abwenden sollten?
5. Denken Sie über zumindest eine Sünde in Ihrem Leben nach, die Sie unbedingt lassen wollen und bringen Sie sie dem Herrn im Gebet.

# 5. Das geteilte Herz

*Gib mir ein ungeteiltes Herz, ... o Herr.*
(Psalm 86,11)

Eines der häufigsten Herzleiden, das das Elektrokardiogramm Gottes aufzeichnet, ist das geteilte Herz. Überall in der Bibel können wir darüber lesen, über die Konsequenzen, die Ursachen und die Heilmittel. Zuerst sollten wir den Zustand des geteilten Herzens kennenlernen, wie ihn uns die Bibel beschreibt.

## Geistliche Schizophrenie

Es ist bekannt, daß dies kein neues Leben ist, kein neu entdeckter Virus. Es ist so alt wie die Menschheitsgeschichte selbst. So ist zum Beispiel das Alte Testament voll mit anschaulichen und interessanten Krankheitsfällen dieser Art.

In 1. Könige 18,21 geht es um den großen Streit zwischen Elia und den Propheten Baals. Elia ruft den Kindern Israels zu: „Wie lange hinket ihr auf beiden Seiten?" Eine andere Übersetzung drückt es so aus: „Wie lange schwankt ihr unentschlossen hin und her? Ist der Herr Gott, so folgt ihm nach, ist es Baal, dann folgt ihm."

In 2. Könige 17,33 und 41 stoßen wir ebenfalls auf dieses geteilte Herz, diese geistliche Schizophrenie, beschrieben mit den Worten: „Sie fürchteten den Herrn, dienten aber auch den Göttern anderer Völker ... So fürchteten diese Völker den Herrn und dienten zugleich ihren Götzen." Selbst der Bereich der Romantiker wird in der Schrift zur Veranschaulichung eines geteilten Herzens benutzt. Delila versuchte zum Beispiel ständig, Simson zu verführen, um hinter das Geheimnis seiner großen Kraft zu kommen. Doch dieser machte sich über sie lustig. Richter 16,15 berichtet, wie Delila schließlich das sagte, was schon so manch ein verzweifelter Liebhaber einem falschen Partner vorgeworfen hat, nämlich: „Wie kannst du behaupten, du habest mich lieb, wenn doch dein Herz nicht mit mir ist?"

Vielleicht haben wir auch von dem jungen Freund gehört, der laufend mit anderen Mädchen loszog, obwohl er seiner Freundin beteuerte, daß er sie liebe. Schließlich reichte es ihr, und sie fragte: „Wie kannst du sagen, du liebst mich von Herzensgrund?" Der junge Mann erwiderte: „Nun, ich liebe dich im Grunde meines Herzens, aber der obere Teil gehört den anderen Mädchen."

## Das „halb-backene" Herz

Die Bibel beschreibt ein geteiltes Herz anders. Zum Beispiel redet Gott durch den Propheten Hosea von Menschen mit geteiltem Herzen so: „Ephraim wandte sich um Hilfe an fremde Völker. Dabei ist es ihm ergangen wie einem Fladen, den niemand umwendet und der deshalb verbrennt. Freunde saugen ihn aus, aber er merkt es nicht" (Hosea 7,8-9). Der Ausdruck „halb-backen" stammt aus diesem Vers. Wir gebrauchen ihn heute, um halbherzige Treue zu beschreiben.

Im Neuen Testament tadelt Gott die Gemeindemitglieder von Laodizea: „Weil du aber lau bist und weder warm noch kalt, werde ich dich ausspeien aus meinem Mund" (Offenbarung 3,16).

Jesus selbst schnitt das Problem des geteilten Herzens an. „Kein Knecht kann zwei Herren dienen ... Ihr könnt nicht Gott dienen und dem Mammon" (Lukas 16,13).

Der Apostel Paulus schrieb über dieses innere Geteiltsein zwischen dem dicken Ich und der Hingabe an Christus in 1. Korinther 10,21: „Ihr könnt nicht zugleich den Kelch des Herrn trinken und den Kelch der Dämonen."

Dann gibt Paulus in Römer 7,14-25 ein vielsagendes, ergreifendes Porträt eines geteilten Herzens. In einem Atemzug ruft er: „Ach, ich bin ungeistlich, unter die Macht der Sünde verkauft!" Und gleichzeitig: „In meinem Innern habe ich Gefallen am Gesetz Gottes!"

Jakobus, der Schreiber, der mit beiden Beinen auf der Erde stand, drückte es mit acht erstaunlich treffenden Wörtern so aus: „Ein Zweifler ist unbeständig auf allen seinen Wegen." Und eine moderne Übersetzung verwendet das Bild eines Betrunkenen, der auf der Polizeistation dem Gehtest unterzogen wird, und der wie folgt handelt: „Der hin- und herschwankende Mann ist nicht in der Lage, Kurs zu halten!"

## Wie sieht ein geteiltes Herz aus?

Welche Charakteristika hat solch ein Herz? Ein geteiltes Herz unterstellt sich nur zum Teil Christus. Es steht im Widerstreit mit sich selbst und schwankt zwischen Selbstsucht und Christus hin und her.

Ein geteiltes Herz ist ein unglückliches Herz. Die unglücklichsten Leute der Welt sind die „Halb-Christen", jene Kinder Gottes, die zwar Christus als ihren Retter angenommen haben, die ihm aber die volle Herrschaft in ihrem Leben verweigern. Sie sind voll innerer Konflikte und haben ständigen privaten Kleinkrieg.

Der Heilige Geist lebt zwar in diesen Christen, doch gleichfalls auch der Geist des Egoismus. Diese Leute fürchten zwar den Herrn, aber sie dienen ihrem eigenen Gott und lieben nur sich selbst. Sie sind eine tragische Kombination von Furcht und Glauben, Wunsch und Widerwillen und der Liebe zu Gott. Doch sie verweigern ihm die ganze Führung. Es ist fast so, als zögen zwei Mannschaften im Wettkampf am gleichen Seil, doch sie sind selbst dieses Seil.

Das geteilte Herz ist unstabil. Wie wir eben schon Jakobus 1,8 zitierten: „Es ist unbeständig in allen seinen Wegen."

Ein anderes Wort für „instabil" wäre vielleicht „inkonsequent". Denken wir zum Beispiel an unsere eigene Zunge. Flucht und lobt sie zugleich? Wie ist es mit unseren Stimmungen? Sind wir nett zu Freunden und Mitarbeitern und gleichzeitig angefüllt mit unberechenbarem Zorn gegenüber den eigenen Familienangehörigen zu Hause?

Oder sind wir unseren Lieben gegenüber gespaltene Persönlichkeiten zwischen Liebe und Haß, Freundlichkeit und Schärfe, Erbarmen und Egoismus?

Ich spreche hier nicht von gelegentlichen Streßsituationen, in denen einem einmal ein böses Wort entschlüpft oder man lieblos reagiert. Ich rede von einem inneren Dauerzustand in unserem geistlichen Leben. Viele von uns haben schon ihre Kopfkissen naßgeweint mit bitteren Reuetränen und dabei gerufen: „Ich elender Mensch! Wer wird mich erlösen von diesem todverfallenen Leib?"

# Fruchtloses Leben

Im Zustand solcher intensiven inneren Konflikte ist das geteilte Herz ein unfruchtbares Herz. Es ist ein unglückliches, ungesundes, wankelmütiges Herz, unfähig und wenig siegreich.

Vielleicht kennen wir die Geschichte von dem Soldaten, der im Krieg einen Gefangenen hatte und über das Sprechfunkgerät dem Offizier vom Dienst meldete: „Sir, ich hab' hier einen Gefangenen."

Der Offizier antwortete: „Gut, bringen Sie ihn sofort ins Hauptquartier!"

„Aber, Sir, er will nicht mit!" klagte der Soldat.

„Auch gut, dann kommen Sie allein."

„O Sir, ich kann nicht. Er läßt mich nicht!" Das war die letzte Meldung des Soldaten.

Diese Geschichte illustriert den geistlichen Zustand mancher Christen. Sie sind zwar von der Strafe, der Schuld ihrer vergangenen Sünden befreit. Was aber ist mit der gegenwärtigen Macht der Sünde, die die Möglichkeit bringt, sie erneut zu fesseln und Besitz von ihnen zu ergreifen, um ihren Gehorsam und ihre Treue zu spalten?

Und weil solch inneres Gespaltensein Niederlagen bedeutet, hält es diese wankenden Christen auch davon ab, Früchte zu bringen. Zuviel Zeit und Energie wird damit verbraucht, geistlich einfach „bei der Stange zu bleiben", daß nur wenig Zeit übrigbleibt, im Zeugen- und Jüngerdienst anderen das Evangelium zu bringen.

Nur wenn Jesus Christus in unserem Leben verherrlicht und unsere Herzen von einem einzigen souveränen Herrn regiert werden, ist der Heilige Geist in der Lage, die Verheißung der Schrift zu erfüllen, daß aus unseren Herzen Ströme lebendigen Wassers fließen werden, die überall, wohin sie sich ergießen, neues Leben aufsprießen lassen. Doch in einem geteilten Herzen wird der Strom aufgehalten und abgelenkt.

## Das nicht ganz ausgelieferte Herz

Das geteilte Herz ist noch mit Selbstsucht und Eigenwillen besetzt. Es hat sich nicht ganz Jesus Christus übergeben. Dieses Herz ist somit das größte Hindernis, um aus uns effektive und fruchtbringende Zeugen Christi zu machen.

Es gibt da die Geschichte vom Angler, der die beste Ausrüstung und die teuersten Köder zum Angeln besitzt. Zwei Stunden versucht er, einen Fisch zu fangen, doch keiner beißt an. Da kommt ein barfüßiger Junge daher und zieht ein Stück verknoteten Bindfaden aus der Hosentasche. An diese billige Angelschnur bindet er einen Wurm. Dann legt er sich flach auf den Boden, mit dem Gesicht nach unten, und wirft seine Schnur ins Wasser. In Minutenschnelle fängt er einen Fisch – dann noch einen und noch einen.

Der Angler ist erstaunt. „Ich verstehe das nicht", murmelt er, „mit meiner guten Anglerausrüstung versuche ich nun seit zwei Stunden, einen Fisch zu fangen. Keiner beißt an."

„Oh", erwidert der kleine Junge, „das ist doch klar. Die Sonne steht hinter Ihnen, und Ihr Schatten fällt auf's Wasser. Darum liege ich flach auf dem Boden. Dann sehen die Fische meinen Schatten nicht und erschrecken nicht." Für den Christen bedeutet das, daß es der Schatten unseres nicht an Christus ausgelieferten Ichs ist, der uns davon abhält, Menschenfischer zu werden.

Geoffery Bull erzählt in seinem großartigen Buch „When Iron Gates Yield" von seiner einsamen Erfahrung als Missionar an der Grenze von Tibet. Gott „hatte mich ausersehen, ganz allein an einem Wendepunkt zu stehen. Doch fürchten mußte ich dabei einzig und allein, daß dieses einzelne Weizenkorn sich weigerte zu sterben." Wie anschaulich er dies ausdrückte!

Jesus sagte: „Wenn das Weizenkorn nicht in die Erde fällt und stirbt, bleibt es allein; wenn es aber stirbt, bringt es viel Frucht" (Johannes 12,24). Das hat sich im Leben eines jeden siegreichen Christen bewahrheitet. Es kommt für jeden eine Zeit, da muß das gespaltene, besiegte, eigenwillige Weizenkorn sterben, um zu leben und Frucht zu bringen.

Vor langer Zeit hörte ich die Geschichte von Frau Nobuko, einer Japanerin, die mit sich selbst kämpfte und fühlte, daß sie geistlich gespalten, niedergeschlagen und ohne Frucht war. In ihrer Verzweiflung lief sie hinaus in die Berge, die die Stadt Kobe umgaben, und verbrachte dort drei Tage und drei Nächte innerlich ringend und betend. Schließlich kehrte sie zurück, reumütig und geistlich bereit, ganz nach dem Willen Gottes zu leben.

Nach dem zweiten Weltkrieg waren die Japaner besiegt und entmutigt. Viele begingen Selbstmord, besonders in einer ganz bestimmten Gegend, in der sich eine hohe Klippe befand, von der sie sich hinunterstürzten.

Nach der Zeit ihrer inneren Erneuerung in den Bergen stellte Frau Nobuko ein Schild auf die Klippe. Darauf stand: „Tue es nicht! Sprich zuerst mit Frau Nobuko. Gott ist Liebe!" Unter dieser Mitteilung stand ihre Adresse.

Als Frau Nobuko etwas später gefragt wurde, wie viele Menschen sie ihrer Meinung nach vom Selbstmord bewahrt hatte, antwortete sie, mehr als fünftausend hätte sie sich notiert. Dann wurde sie nach ihrem Lebensgeheimnis gefragt. Ohne zu zögern erwiderte sie: „Völlige Übergabe an Gott und leben in seiner beständigen Gegenwart." Und das alles ging auf die drei Tage und drei Nächte zurück, als „das Weizenkorn", ihr Eigenwillen, starb — so daß es nicht allein blieb, sondern viel Frucht brachte. Ihr dickes Ich mußte sterben, damit fünftausend Menschen leben konnten.

## Hilfe für das geteilte Herz

Wir haben nun den Zustand und die Konsequenzen eines geteilten Herzens kennengelernt. Was aber ist die Ursache dieses ganz speziellen Herzleidens, und welche Heilmittel gibt es?

Die Ursache ist einfach ein nicht ganz an Gott übergebenes Ich — und das Heilmittel ist die Übergabe dieses Ichs. Wenn wir unser Ich Jesus Christus ganz übergeben, schenkt uns der Heilige Geist ein ungeteiltes, reines Herz. Ein Herz, das völlig Ihm gehört, ohne irgendwelche heimlichen Vorbehalte. Ein Herz, von dem der Heilige Geist wahrhaft sagen kann: „Jesus ist Herr!"

Sir John Ramsden aus Huddersfield, England, erkannte eines Tages, daß seine Stadt sich allmählich zu einem bedeutenden Industriezentrum entwickelte. So kaufte er soviel Grundbesitz der Stadt auf, wie er nur konnte. Nach einigen Jahren besaß Sir John die ganze Vorstadt, ein kleines Haus mit Garten ausgenommen, das einem freundlichen Quäker gehörte. Sir John versuchte mit verschiedenen Mitteln, das Anwesen zu erwerben, doch der Quäker wollte nicht verkaufen.

Eines Tages besuchte Sir John ihn persönlich und machte ihm folgendes Angebot: „Ich bin bereit, Ihnen einen Extrapreis für dieses Stück Land zu zahlen. Ich werde auf jeden Zentimeter Ihres Landes ein Zwanzigschillingstück legen. Würden Sie dann verkaufen?"

Der Quäker erwiderte: „Ja, aber nur, wenn Sie die Münzen hochkant stellen."

Nun, diese Transaktion wäre in die Millionen gegangen, und so stieg Sir John ärgerlich in seinen Wagen, um zu verschwinden. Als das Gefährt davonrollte, rief ihm der Quäker nach: „Vergessen Sie nicht, Sir John, diese Stadt gehört Ihnen und mir!"

Ebenso wie Sir John sein volles Eigentumsrecht über die Stadt durch ein kleines Anwesen blockiert sah, ist es auch mit dem geistlichen geteilten Herzen. Es enthält Gott Räume vor.

Ich glaube, es gibt eine Menge Leute – vielleicht sogar unter denen, die dieses Buch lesen – die offen bekennen müssen: „O ja, ich weiß, was ein geteiltes Herz bedeutet!"

Meister Eckhart sagte einmal: „Jeder Christ muß sich entscheiden, welchen Schmerz er ertragen will: den des gekreuzigten Ichs oder den des geteilten Herzens."

## Zur Besinnung

1. Was ist geistliche Schizophrenie?
2. Welche Merkmale hat ein geteiltes Herz?
3. Wie versuchen die Menschen, ihr geteiltes Herz zu verbinden?
4. Welche Lösung hat der Herr für ein geteiltes Herz?
5. Denken Sie noch einmal über das Zitat von Meister Eckhart nach. Welchen Schmerz haben Sie gewählt und warum?

# 6. Das feste Herz

*Mein Herz ist bereit, o Gott, mein Herz ist bereit;*
*ich will singen und dich loben.*

(Psalm 57,8)

Einige Leute, die dieses Buch lesen, stehen wahrscheinlich im Glauben, sind sozusagen Kinder in Christus. Sie spüren den ganzen Druck der Welt, die versucht, „ihnen ihre eigenen Normen aufzudrängen". Solche Menschen brauchen Entschlossenheit, Urteilskraft, Stärke und Festigkeit. Sie brauchen, wie die Bibel es ausdrückt, ein beständiges, festes Herz.

## Das standfeste Herz

Dieser Ausdruck klingt in unserer Zeit ein wenig lächerlich. Man meint, was heutzutage feststeht, ist die Tatsache, daß nichts von Dauer ist. Sicher ist, daß nichts sicher ist. Es scheint daher unmöglich zu sein, ein beständiges Herz haben zu können, wenn alles unbeständig, im Fluß und in Bewegung ist.

So ändern sich zum Beispiel in der Geschäftswelt beinahe jedes Jahr Mode, Stil und Form. Unsere ganze Wirtschaft basiert auf diesem Prinzip. Wir nennen es „Veralten eingeplant", und es hat in uns bereits eine vollkommene Unbeständigkeit bewirkt. Wir wissen nicht so recht, was wir „schick" finden sollen, bevor wir nicht in einer Zeitschrift nachgeschaut, die Werbung gesehen, den entsprechenden Film angeschaut haben.

So kommt es, daß wir auf dem Gebiet der Ethik und Verhaltensweisen nur noch den völligen moralischen Relativismus kennen. In jedem Bereich unseres Lebens können wir diese ins Auge fallenden Beispiele eines Mangels an feststehenden Normen wahrnehmen:

- Auf sexuellem Gebiet haben wir alarmierende Statistiken von vorehelichem Sex, unehelichen Geburten, Abtreibungen, Inzest, Vergewaltigung, Gruppensex und außerehelichen Beziehungen.
- In der persönlichen Ethik mit ebensolchen alarmierend steigenden Zahlen von Diebstahl- und Gewaltkriminalität bei gesellschaftlichen Absteigern, sowie von unsauberen Geschäften, Veruntreuungen und Verbrechen mit „weißer Weste" bei gesellschaftlichen Aufsteigern.
- In der Politik und Berufswelt mit Lügen, Betrügereien, bewußten Verleumdungen, geheimen Absprachen und „Vetternwirtschaft" überall im Land.
- Selbst in der Kirche mit Moralskandalen wie sanktionierter Homosexualität, Spendengeldveruntreuung und Scheidungen unter Geistlichen, die ebenso alltäglich geworden sind wie in der säkularisierten Welt.

Ein paar Stunden vor dem Fernseher überzeugen uns — falls wir nicht vorher schon abschalten —, daß ohne Gott und feste Moralbegriffe heutzutage buchstäblich „alles möglich" ist.

Im Gegensatz dazu spricht die Bibel immer wieder von festen Prinzipien und einem festen Herzen. Psalm 57,7 ist dafür ein gutes Beispiel, ebenso Psalm 112,5-8. Da heißt es:

*Wohl dem, ... der das Seine tut, wie es recht ist ...*
*sein Herz hofft unverzagt (fest) auf den Herrn. Sein*
*Herz ist getrost und fürchtet sich nicht ...*

Und Jesaja 26,3 sagt: „Wer festen Herzens ist, dem bewahrst du Frieden; denn er verläßt sich auf dich." Das Herz, das gläubig Gott vertraut, wird ein festes Herz sein.

## Der magnetische Pol

Wodurch ist ein festes Herz gekennzeichnet? In welcher Hinsicht können unsere Herzen fest werden? Was geschieht, wenn wir ein festes Herz haben?

Die Bibel sagt, daß unsere Herzen einen festen Pol, einen Bezugspunkt haben können, wie es etwa ein magnetischer Pol ist, auf den wir schauen und nach dem man sich ausrichtet.

Der feste Pol im Leben des Christen ist Gott, wie er uns in Jesus Christus offenbart ist. Gott ist unwandelbar. Sein göttliches Wesen ändert sich nicht. Es steht fest und ist absolut unveränderlich.

Maleachi 3,6 bringt uns mit einfachen Worten diese große Wahrheit nahe. „Ich, der Herr, wandle mich nicht." Und Jakobus 1,17 bezeugt: Gott ist der „Vater des Lichts, bei dem keine Veränderung ist und kein Wechsel von Licht und Finsternis."

Dies ist in unserer Zeit des moralischen Relativismus eine enorm wichtige Wahrheit. Wir sollten sie als ruhenden Pol in uns fest verankern. Denn aufgrund dieses unveränderten Wesens Gottes besteht auch ein gewisses „Fixiertsein auf die Gebote Gottes" in seinen Geschöpfen.

Dieser feste, ruhende Pol schenkt uns feste Prinzipien und Normen. Sie ändern sich auch unter dem stärksten Druck von außen nicht. Wir haben es nicht nötig, sie zu verändern, weil sie auf ewigem, unveränderlichem Grund ruhen. Wir haben es aber nötig, unsere Herzen an diesen unveränderlichen Normen des Wortes Gottes festzumachen! Wir sollten mit dem Psalmisten sprechen: „Wohl dem, ... der das Seine tut, wie es recht ist ... sein Herz hofft unverzagt (fest) auf den Herrn ..."

## Der feste Punkt Jesus

Unsere Herzen sollten sich nach einem „festen Punkt" ausrichten, nach einer unveränderlichen Person: dem Sohn Gottes, unserem Herrn. In Hebräer 1,1-2 heißt es: „Nachdem Gott in früheren Zeiten vielfach und auf verschiedene Weise zu den Vätern geredet hat durch die Propheten, hat er jetzt am Ende dieser Tage zu uns geredet durch den Sohn. Ihn hat Gott zum Erben des Weltalls eingesetzt, wie er auch durch ihn die Welten erschaffen hat." Von diesem Sohn heißt es in einem der folgenden Verse einer anderen Übersetzung: „In dem Sohn Gottes leuchtet die Herrlichkeit Gottes auf, denn er entspricht dem Wesen Gottes vollkommen."

Später erinnert uns der Schreiber des Hebräerbriefes an diese Person, diesen Jesus, den Gott zu diesem Fixpunkt oder Festpunkt bestimmt hat, und der „derselbe ist gestern und heute und ... in Ewigkeit!" (Hebräer 13,8).

Eine Frau in Indien, die das Evangelium kennenlernte, fing an zu begreifen, daß Gott heilig ist und sie als Sünderin nicht in der Lage ist, mit dem heiligen Gott zu reden.

Sie sagte: „Ich brauche einen großen Prinzen, der zwischen mir und Gott steht."

Sie bat immer wieder einen gelehrten Brahmanen, ihr aus der Bibel vorzulesen. Als er mit Matthäus 1 begann, und die lange Liste des Stammbaums Jesu las, rief sie: „Welch ein wunderbarer Prinz muß dieser Jesus sein, wenn er eine solch lange Ahnenreihe hat!" Wie jede echte Inderin dachte sie an Geburt, Kaste, Prestige. Dann las der Brahmane Matthäus 1,21: „Den sollst du Jesus nennen, denn er wird sein Volk von seinen Sünden retten." Da rief die Frau: „Das ist der Prinz! Das ist der Prinz, den ich mir wünsche, der gleichzeitig ein Retter ist!"

Laßt uns fest auf diesen Prinzen schauen, der wahrhaftig unser Retter ist. Die Hindufrau hatte das wunderbar ausgedrückt, weil es akkurat paßt: der Prinz, der vollendete Mensch, genau so, wie Gott ihn sich wünschte, genau so, wie Gott mich wünscht! Ja, der Menschensohn! In jeder Hinsicht wie ich, selbst in Versuchungen (obgleich mein Gehorsam nicht an seinen heranreicht), und doch wieder nicht wie ich: der Retter, der Sohn Gottes! Menschlich genug, um mein Prinz zu sein, mein Vorbild, göttlich genug, um mein Retter zu sein, mein Heiland und Erlöser!

Jesus ist der feste Punkt, der ruhende Pol, an dem ich mein Herz verankern kann. Er ist der Inbegriff der Treue, der absolute Mittelpunkt meines Lebens mit absoluter Vorrangstellung.

Jedes Leben hat einen festen Punkt, um den es sich dreht. Paulus bekennt, daß sein Zentrum Christus ist. „Ich in Christus und Christus in mir", so drückt er es aus.

Was bedeutet das in unserer Alltagssprache? Frage ich einen Menschen, was er macht, dann antwortet er vielleicht: „Ich bin Politiker" oder: „ich bin Versicherungsangestellter." Er will damit sagen, daß sein Hauptinteresse der Politik, den Geschäften oder Versicherungen gilt. Sie regieren sein Denken und Tun. Es bedeutet auch, daß er eine bestimmte Wahl getroffen hat: die Entscheidung für eine bestimmte berufliche Karriere zum Beispiel. Auf sie legt er sich fest, schließt alle anderen Wege aus und verpflichtet sich selbst, seine Zeit, seine Energie und Aktivitäten ganz diesem erwählten Aktionsfeld.

Das bedeutet es auch, in Jesus Christus zu sein und ihn in totaler Hingabe als Zentrum und Festpunkt des Lebens zu betrachten.

## Eine feste Absicht

Unser Herz sollte eine feste Absicht haben, nämlich, den Willen Gottes zu tun. Es gibt nur eins, das so echt und groß ist, daß es sich lohnt, zur Leidenschaft unseres Lebens zu werden. Eine einzige Sache, die sozusagen zur herrlichen Besessenheit unseres Lebens werden darf: der Wille Gottes! Gottes Willen kennen, Gottes Willen verstehen, ihn suchen und finden! Gottes Willen leben, lieben, ihm dienen! Das sollte die eine feste Absicht eines festen Herzens sein.

Wie viele von uns kämpfen dagegen an, sich Gott ganz zu übereignen? Wie viele haben verzweifelt Angst davor oder laufen dem Willen Gottes davon? Dabei kämpfen wir gegen unser besseres Selbst an, laufen wir unserem besseren Selbst davon. Wie Gottes Wille auch immer aussehen mag, er ist die sicherste, schönste, befriedigendste Sache der Welt.

# Verheißungen für das feste Herz

Das Wort Gottes spricht von den guten Folgen eines festen Herzens. Erstens verheißt Gott dem festen Herz Frieden. „Wer festen Herzens ist, dem bewahrst du Frieden" (Jesaja 26,3). Der Psalmist sagt: „Vor schlechter Kunde fürchtet er sich nicht; sein Herz hofft unverzagt auf den Herrn" (Psalm 112,7).

Man erzählt sich eine Geschichte über den Meteorenregen im vorigen Jahrhundert, als es eines Nachts so aussah, als ob alle Sterne vom Himmel fielen. Dieser Meteorenschauer dauerte stundenlang an, und es entstand eine große Panik. Und niemand verstand, weshalb ein einziger alter Mann in dieser Nacht völlig ruhig und friedlich bleiben konnte. Als seine Mitbürger ihn beschimpften, antwortete er: „Natürlich habe ich die fallenden Sterne gesehen. Doch dann hielt ich nach dem Polarstern Ausschau. Er steht noch am gleichen Fleck und hat sich keinen Zentimeter bewegt."

Der Polarstern stand noch fest. Mochten die anderen herunterfallen! Solange er an seinem Platz blieb, konnte der alte Mann in Frieden ruhen.

Ein ruhender Pol, eine wandelbare Person, eine feste Absicht geben uns großen inneren Frieden, der buchstäblich über alles Verstehen geht. Das ist ein Friede, den die Welt nicht kennt und nicht versteht. Ein festes Herz ist ein friedevolles Herz!

Zweitens ist ein festes Herz ein lobendes Herz: „Mein Herz ist bereit, o Gott . . . Ich will singen und spielen und dich loben" (Psalm 57,8). Gott gibt nicht nur einen inneren Frieden, er dringt auch nach außen.

Wieso? Weil wir wissen, daß wir in der Hand dessen sind, der alles zum Besten führt, wenn wir ihn loben und lieben und seinem Willen gehorsam sind. Ein festes Herz bedeutet Frieden und Lobpreis – weil es weiß, daß Gottes Macht bewirkt, daß alles zu unserem Besten und zu seinem Ruhm ausgeht (Römer 8,28).

Der Heilsarmee-Offizier Brengle hielt eines Abends eine Versammlung in Boston. Ein betrunkener Mann warf einen Ziegelstein nach ihm, der ihn am Kopf traf. Er wurde schwer verletzt und schwebte tagelang zwischen Leben und Tod. Noch achtzehn Monate danach war er arbeitsunfähig. In dieser Zeit schrieb er Artikel, die später in dem Buch „Helps to Holiness" erschienen. Dieses Buch fand phänomenalen Absatz, erlebte viele Auflagen und wurde in etliche Sprachen übersetzt. Sein Buch wird immer noch viel benutzt, um die Gläubigen in eine tiefere Beziehung zu Gott zu führen.

Die Frau des Heilsarmee-Offiziers nahm den Ziegelstein und pinselte eine Schriftstelle darauf. „Ihr gedachtet es böse mit mir zu machen, aber Gott gedachte es gut zu machen, ... nämlich ein großes Volk am Leben zu erhalten" (1. Mose 50,20). Und immer, wenn Menschen Brengle für sein Buch dankten, lächelte er und sagte: „Gott sei auch für diesen Ziegelstein gedankt. Hätte es den Ziegelstein nicht gegeben, gäbe es auch dieses Buch nicht!"

Preist den Herrn! „Mein Herz ist fest, o Gott, mein Herz ist fest; ich will singen und spielen und dich loben!"

## Zur Besinnung

1. Warum ist es für neue Christen wichtig, fest im Herzen zu werden?
2. Welchen festen Pol gibt es im Leben eines Christen?
3. Denken Sie noch einmal an die festen Normen des Wortes Gottes.

4. Welches feste Vorbild haben Sie?
5. Welche positiven Resultate hat ein festes Herz? Wie kann ich sie in meinem Leben in die Praxis umsetzen?

# 7. Das liebende Herz

*Das Ziel aller Ermahnung aber ist Liebe aus reinem Herzen, aus gutem Gewissen und aus ungeheucheltem Glauben.*

(1. Tim. 1,5)

Über Liebe zu predigen ist in unserer Zeit besonders schwierig. Das Wort hat so viele Bedeutungen. Selbst das Wörterbuch hilft uns nicht viel weiter. Da heißt es zum Beispiel: „ein starkes Gefühl für das andere Geschlecht, ein Zustand der Zuneigung für das andere Geschlecht, ein Gefühl warmer, persönlicher Zuneigung zu einer Person, Wunsch nach sexueller Befriedigung, etwas sehr gern haben, die gütige Zuneigung Gottes zu seinen Geschöpfen oder auch das Gefühl der ehrfürchtigen Zuneigung der Menschen ihrem Gott gegenüber." Schließlich eine letzte Definition, die nur noch zur Verwirrung beiträgt: „Wie beim Tennis, nichts, kein Punkt."

Wie man sieht, kann danach Liebe alles Mögliche bedeuten. Paulus sagt in 1. Korinther 13, daß ohne die Liebe alles nichts wert ist. Die schönsten Worte, ein Wissen wie Einstein, die ungewöhnlichste Fähigkeit, haargenau die Zukunft vorauszusagen, die großzügigste Menschenfreundlichkeit, ein Glaube, der Berge versetzen kann, die volle Bereitschaft, für eine Sache den Märtyrertod zu sterben — all dies für sich oder zusammen in einer Person bedeutet ohne die Liebe nichts. Diese edlen Qualitäten zählen nur, wenn sie aus einem liebenden Herzen kommen!

Und was ist ein liebendes Herz? Die Bibel sagt uns, daß Liebe nichts ist, das wir als Menschen in uns selbst oder aus uns selbst hätten. Nach der Bibel ist Liebe sozusagen ein Nebenprodukt, eine Reaktion, eine Antwort. Nach Gottes Wort hat jeder Mensch die Fähigkeit, nicht jedoch die Gabe zu lieben. Die Anlage ist zwar vorhanden, nicht aber die Kraft, die Dynamik. Die Liebe ist eine Gabe, die allein von Gott kommt. Sie ist das Resultat bestimmter Voraussetzungen und ist nur erhältlich, wenn wir diese kennen, uns ihnen stellen und gehorsam auf sie eingehen.

## Die rechte Herzensart

In Galater 5,22 sagt Paulus: „Die Frucht des Geistes aber ist Liebe ..." Das bedeutet, ein liebendes Herz ist ein Herz, aus dem der Geist Gottes Liebe fließen läßt. Es handelt sich dabei nicht um ein natürliches, sondern um ein übernatürliches Fließen. Um eine Gabe, die von Gott kommt, allein von Gott.

Und wie sollte unser Herz beschaffen sein, um lieben zu können? Ich denke, wir finden das am besten heraus, wenn wir die Sache zunächst von der negativen Seite her betrachten.

Gottes Wort sagt, daß aus ganz bestimmten Herzen niemals Liebe strömt. Wir sollten uns fragen, aus welchen. Dann sollten wir Gott bitten, uns zu helfen, die Hindernisse und Barrieren abzubauen, die den Strom der Liebe bei uns aufhalten.

Drei Bibelverse thematisieren den Zusammenhang. Zuerst lesen wir in 1. Timotheus 1,5: „Das Ziel aller Ermahnung aber ist Liebe aus reinem Herzen, aus gutem Gewissen und aus ungeheucheltem Glauben." Und in 1. Petrus 1,22 heißt es: „Wenn ihr euch in Gehorsam gegen die Wahrheit gereinigt habt und so zu ungeheuchelter Bruderliebe fähig seid, dann sollt ihr einander auch beständig liebhaben aus reinem Herzen." Schließlich lesen wir in 1. Johannes 4,18: „Furcht ist nicht in der Liebe, sondern die vollkommene Liebe treibt die Furcht aus; denn die Furcht rechnet mit Strafe."

Aus einem verdammten, unreinen Herzen, das sich schuldig fühlt, kann keine Liebe fließen. In allen drei Versen betonen Paulus, Petrus und Johannes, daß Liebe nur aus einem gereinigten Gewissen, das ohne jedes Schuldgefühl ist, strömen kann. Weshalb? Weil Gott uns so erschaffen hat. Wir können etwas, vor dem wir uns fürchten, nicht lieben. Und Sünde und Schuld bewirken Angst. Wir haben sofort ein schlechtes Gewissen gegenüber Gott und den Menschen, an denen wir gesündigt haben.

Diese Wahrheit ist so alt wie der Garten Eden. Jeden Abend war Gott gekommen, um sich mit Adam und Eva zu unterhalten — und sie erlebten Liebe. In dem Augenblick jedoch, in dem sie Gott ungehorsam wurden, bekamen sie ein schlechtes Gewissen und rannten davon, wenn sie abends seine Schritte hörten. Hier finden wir das böse Triumvirat: Schuldgefühl, Furcht, Haß. Das geht so weiter und weiter. Dieser Teufelskreis kann kaum durchbrochen werden.

Wir haben das alles schon in unserem Alltag erlebt. Da haben wir übereilt ein Wort gesagt und schlecht über einen Abwesenden geredet. Dieser erfuhr davon durch einen anderen. Oder wir haben jemandem etwas weggenommen und vergessen, es zurückzugeben. Oder wir wurden eifersüchtig auf ein Mädchen, das uns den Freund, den guten Ruf oder auch Wählerstimmen bei irgendeiner Wahl gestohlen hatte. Sobald wir der andern begegnen, schließt sich der Teufelskreis. Wir gehen ihr aus dem Weg, weil die Wunde schmerzt. Schuldgefühle, Angst und Ärger beginnen um sich selbst zu kreisen wie ein Hund, der nach dem eigenen Schwanz schnappt.

Wenn wir uns schuldig fühlen und Ängste haben, können wir nicht lieben — weil wir einfach nicht glauben können, daß Gott oder ein anderer Mensch uns noch liebt.

Und wie komme ich aus dieser Situation wieder heraus? Ich allein gar nicht. Aber Gott kann den Teufelskreis durchbrechen, und er hat es schon getan. Liebe ist eine Reaktion, eine Antwort auf Gottes Liebe zu mir. Das ist die wirklich erstaunliche Sache im Neuen Testament. Meine Liebe beginnt nicht mit meiner Liebe. Sie beginnt mit Glauben. Sie beginnt, wenn ich an Gottes Liebe zu mir glaube, wenn ich seine Vergebung annehme, wenn ich Gott meine Schuld durchstreichen und mein Gewissen reinigen lasse, so daß ich nicht länger voller Furcht, Schuldgefühle und Haß bin. Nun kann ich glauben, daß mir vergeben ist, daß ich geliebt und in Gottes Familie aufgenommen bin. Das wiederum wirkt Liebe zu Gott in meinem Herzen.

## Uns selbst lieben

Liebe kann aus keinem Herzen fließen, das sich selbst verachtet, denn Jesus sagt: „Liebe deinen Nächsten wie dich selbst" (Matthäus 22,39). Das bedeutet, daß die Liebe zum anderen eine ganz bestimmte Art von Eigenliebe voraussetzt, die Anerkennung eines Ichs, das Gott von ganzem Herzen liebt.

Nur ein Herz, das befreit ist von sich selbst vergötternder, egozentrischer Eigenliebe und nun ergriffen ist von der Liebe Gottes, nur ein Herz, das voller Liebe und Anbetung gegenüber Gott ist, kann die Basis zu rechter Nächstenliebe sein!

Nur wenn wir den Herrn, unseren Gott, von ganzem Herzen lieben, können wir Menschen mit Selbstachtung und rechter Eigenliebe werden. Dann werden wir mit uns selbst in Frieden und Harmonie leben können und in der Lage sein, auch andere zu lieben. Liebe fließt aus keinem Herzen, das sich selbst verachtet und ablehnt.

Viele Menschen sind ständig schlecht gelaunt, lieblos und unfreundlich zu anderen. Im Grunde liegt es daran, daß es in ihrem Leben Schuld und Schuldgefühle gibt. Sie verbergen den Teil ihres Wesens, den sie selbst nicht lieben, und blockieren so auch den Strom echter Nächstenliebe. Sie denken immer nur: „Wenn die wüßten! Wenn sie den dunklen Fleck in meinem Herzen kennen würden! Jener verborgene Haß, jenes unkontrollierte Verhalten, das ich selbst an mir nicht leiden mag!" Diese ängstliche Selbstverachtung ist ein großes Hindernis für die Liebe, die aus unserem Herzen strömen will.

## Reife Liebe

Liebe kann auch nicht recht aus einem kindischen, unreifen, undisziplinierten Herzen fließen. In 1. Korinther 13,11-12 unterbricht Paulus scheinbar seinen Gedankengang und bemerkt so nebenbei, daß er als Kind wie ein Kind dachte, sprach und handelte. Jetzt, als Erwachsener, hätte er diese kindischen Dinge abgelegt. Können wir das nachvollziehen? Mitten im Herzen dieses wunderbarsten Kapitels über die Liebe ist eine Passage über Reife und Erwachsensein, zwei Dinge, die eng zusammengehören. Wahre christliche Liebe (Agape) setzt Reife und Erwachsensein voraus. Kindische Liebe ist extrem egozentrisch und egoistisch. Darum ist sie unbeständig, unsicher und unzuverlässig. Diese Liebe kann nicht abwarten, was der andere tut und dann reagieren.

Viele Menschen haben nie gelernt, so zu lieben, weil sie niemals richtig erwachsen geworden sind. Und wenn Paulus sagt: „Ich tat als Mann ab, was kindlich war", so handelt es sich wohl nicht um etwas, das ihm leicht fiel und automatisch geschah. Das griechische Wort „katargeo" ist ein sehr starker Ausdruck für dieses Freiwerden. Es veranschaulicht Kampf und Sieg, und entschlossenes Abstreifen und Fortwerfen.

Es gehört eine Menge Disziplin zum liebenden Herzen, ein drastisches Abrechnen mit unserem unreifen, kindischen, egozentrischen Ich, das uns von der Nächstenliebe abhält. Tatsächlich steht dieses Wort „katargeo" fast immer in Verbindung mit Tod und Vernichtung einerseits, und mit dem Kreuz und der alles bezwingenden Macht Gottes andererseits.

Ein liebendes Herz zu haben bedeutet, unsere fleischliche Unreife zu kreuzigen. Es verlangt mutige Disziplin gegenüber unserem lächerlich egozentrischen Ich und die feste Entschlossenheit, erwachsen zu werden.

## Das disziplinierte Herz

Jesus sagt es so: „Wenn ihr mich liebt, haltet meine Gebote!" Wir hören es nicht gern, doch zu einem liebenden Herzen gehören Gebote, Respekt und Gehorsam.

„Wie könnt ihr mich ‚Herr' nennen? Wie könnt ihr behaupten, ihr liebtet mich, wenn ihr nicht tut, was ich euch sage?" fragte Jesus.

Am Anfang des Koreakrieges gerieten einige meiner Missionarsfreunde in Gefangenschaft der nordkoreanischen Kommunisten. Unter ihnen waren Chris Jensen, ein Methodistenmissionar und Commissioner Lord, ein Offizier der Heilsarmee. Nach etwa einem Jahr, als die Streitkräfte von General Douglas MacArthur anfingen zu siegen, wurden alle Gefangenen nach Nordkorea gebracht. Commissioner Lord wurde einem kommunistischen Wächter zugeteilt. Während sie zusammen in einem Militärlastwagen fuhren, unterhielten sie sich. Plötzlich fragte der kommunistische Wächter ziemlich spöttisch: „Sagen Sie mal, warum sind Sie überhaupt Christ?"

Commissioner Lord dachte einen Moment nach. Viele Gedanken schossen ihm durch den Kopf. Die Bibel? Nein, der Kommunist würde das nicht verstehen. Jesus Christus? Vielleicht war das auch zu theoretisch. Schließlich sagte er: „Nun, weil das Christsein mein Leben sehr verwandelt hat. Wissen Sie, ich war früher ein Trunkenbold, ein Kettenraucher und — am allerschlimmsten — ein richtiger Gefangener meiner Begierden und bösen Angewohnheiten. Christus befreite mich von allem."

Das Gesicht des Kommunisten hellte sich auf. „Wie interessant! Wir beide sind uns ziemlich ähnlich! Wissen Sie, ich war auch ein starker Trinker und eingefleischter Raucher. Regelmäßig ging ich zu den Prostituierten in der Stadt, um meine Lust zu befriedigen. Aber dann kamen die Kommunisten in unsere Stadt. Sie zeigten uns Filme, hielten Vorträge über diese Laster und überzeugten mich davon, daß ich meinem Körper und Geist damit Schaden zufüge. Ich nahm ihre großartigen Methoden an und habe alle Laster aufgegeben. Ich wurde auch ein neuer Mensch!"

Commissioner Lord dachte etwas intensiver nach. „Ja, aber für mich ergab sich daraus noch mehr. Das Christsein regte mich dazu an, auch an andere Menschen zu denken. So habe ich ein Waisenhaus gegründet, eine Schule für Jungen, die kein Zuhause mehr hatten. Zur Zeit kümmere ich mich um Hunderte solcher Kinder." Und er fuhr fort, sein soziales und humanitäres Werk zu beschreiben.

Jetzt wurde der Wächter richtig aufgeregt. „Das ist ja toll! Welch ein Zufall! Genauso ist es mir auch gegangen. Nachdem ich Kommunist geworden bin, wollte ich auch anderen gern helfen. Und als ich mich umsah, entdeckte ich ebenfalls eine Menge heimatloser Jungen auf der Straße. So eröffnete ich auch ein Heim für Waisen, und es wird immer noch von meinen Familienangehörigen geführt. Es sieht so aus, als gäbe es keinen großen Unterschied zwischen Ihrem Christentum und meinem Kommunismus. Beides scheint dasselbe zu sein."

In diesem Augenblick hörten sie das Dröhnen von Flugzeugen über sich. Der Wächter schnappte sich den Gefangenen, und beide sprangen aus dem Lastwagen in einen Graben am Straßenrand. Dort lagen sie etwa zwanzig Minuten, während amerikanische Düsenjäger einen Heidenlärm über ihnen machten und wild herumballerten. Als die Schießerei aufhörte, standen beide Männer auf, bedeckt mit Schmutz und Schlamm. Der Wächter streckte voller Haß drohend seine geschlossene Faust zum Himmel und verfluchte die amerikanischen Flugzeuge, die Piloten und das ganze amerikanische Volk.

In diesem Moment wußte Commissioner Lord die richtige Antwort. „Oh, hier ist der Unterschied zwischen uns! Jesus Christus, der Meister, dem ich diene, sagte: ‚Liebet eure Feinde!' Sogar als seine Feinde ihn quälten und am Kreuz töteten, hat er ihnen vergeben und sie geliebt."

Der Wächter sah ihn ungläubig an und schüttelte den Kopf. „Heißt das, daß Sie mich lieben?"

Commissioner Lord berichtet, in jenem Augenblick hätte er eine Kraft gespürt, die nicht seine eigene war. Zu seinem Erstaunen wurde in seinem Herzen echte Feindesliebe wach. Er legte dem Wächter seine Hand auf die Schulter und erwiderte: „Ja, genau das heißt es; ich liebe Sie wirklich. Und Gott liebt Sie auch!" Da wurde der Wächter ganz still, als sie wieder ins Auto stiegen und in der Dämmerung davonfuhren.

Ja, das Symbol unseres Glaubens ist nicht der brennende Busch, das geöffnete Buch, die Taube, der Heiligenschein oder die goldene Krone. Es ist das Kreuz. Es kann gar nichts anderes sein, denn das Kreuz ist im tiefsten Grund Liebe. Plato sagte: „Liebe ist für die Liebenswürdigen." Paulus sagte, daß Christus uns schon geliebt hat, und sich für uns opferte, als wir noch sehr unliebenswürdig waren!

Wie können wir solch ein liebendes Herz in uns schaffen? Das können wir selbst nicht machen. Wir müssen es uns schenken lassen und einfach als Gabe annehmen. Vor vielen Jahren hatten einmal zwei Damen meiner Gemeinde solch große Meinungsverschiedenheiten, daß sie sich heftig stritten, obwohl beide entschiedene Christen waren. Schließlich befürchtete ich Schwierigkeiten in der Gemeinde und lud sie zum seelsorgerlichen Gespräch zu mir ein. Eine der Damen blieb zurück, als die andere gegangen war. Mit einem Seufzer sagte sie: „Herr Pastor, ich will sie lieben, auch wenn mich das umbringt!" Ich erwiderte, wenn sie es auf diese Weise vorhätte, würde diese schwierige Prozedur sie am Ende noch alle beide umbringen.

Nein, wir können nicht dadurch ein liebendes Herz bekommen, indem wir uns sehr anstrengen, ins Schwitzen kommen, mit den Zähnen knirschen und fest entschlossen sind zu lieben. Römer 5,5 gibt uns den geheimnisvollen Schlüssel zu unserem Problem: „Die Liebe Gottes ist ausgegossen in unsere Herzen durch den Heiligen Geist, der uns gegeben ist." Da die Liebe die wichtigste Frucht des Heiligen Geistes ist (Galater 5,22), ist das liebende Herz eine Gabe des Heiligen Geistes, das Gott denen schenkt, die ihn annehmen. Der Heilige Geist ist der Geist der Liebe, der unsere Herzen erfüllt.

## Zur Besinnung

1. Wie wird heute Liebe definiert?
2. Welches Element der biblischen Liebe ist das bedeutendste?
3. Welche Ursachen führen zu einem lieblosen Herzen?
4. Welche Quelle sollte unsere Nächstenliebe haben?
5. Auf welche Art und Weise läßt sich die Liebe, die in der Bibel gemeint ist, aufzeigen?

**Ein Francke-Taschenbuch – In dieser Reihe sind bisher erschienen:**

David A. Seamands
**Heilung für kranke Herzen**
Ein Francke-Taschenbuch
ISBN 3-88224-948-X
80 Seiten

Elektrokardiogramme, Herzschrittmacher, Herztransplantationen – Ärzte und Wissenschaftler haben eine ganze Reihe Verfahren entwickelt, um Herzkrankheiten zu diagnostizieren und zu behandeln.
Doch es gibt Herzleiden, die nur der göttliche Arzt heilen kann. Im vorliegenden Buch bringt der Autor eine Reihe von anschaulichen Vergleichen über das menschliche Herz, die in der Bibel zu finden sind: das abtrünnige Herz, das feste Herz, das bußfertige Herz, das geteilte Herz. Anhand von Beispielen zeigt er die Ursachen geistlicher Herzkrankheiten auf und beschreibt praktische und vorbeugende Maßnahmen für die Leiden unserer Seele.

Martin Goldsmith (Hrsg.)
**Ein Herz für Missionare**
Ein Francke-Taschenbuch
ISBN 3-88224-954-4
120 Seiten

Missionare sind Arbeiter an vorderster Front. Wie kann man ihnen die beste Unterstützung zukommen lassen?
»Wenn die Kirche aktiv am Missionsgeschehen beteiligt sein soll, dann müssen die Glieder dieser Kirche aus ihrem biblischen Glauben heraus einen Blick für die Welt und das Missionsgeschehen entwickeln«, schreibt der Herausgeber Martin Goldsmith.
Das Buch erklärt, wie Christen die lebensnotwendige Bedeutung der Mission verstehen können und Freundschaft, Gebet und Unterstützung geben können, wo sie am meisten gebraucht wird.
Die beteiligten Autoren dieses Buches wissen, worüber sie schreiben, denn sie waren alle als Missionare vor Ort.

# FRANCKE
Verlag der Francke-Buchhandlung GmbH

**Ein Francke-Taschenbuch – In dieser Reihe sind bisher erschienen:**

Josh McDowell/Don Stewart
**Dämonen, Hexen und das Okkulte**
Ein Francke-Taschenbuch
ISBN 3-88224-957-9
96 Seiten

Woran liegt es, daß sich so viele moderne, aufgeklärte Menschen für das Okkulte interessieren? Handelt es sich um ein Vakuum, das unsere hochtechnisierte Welt nicht zu füllen vermag? Oder haben wir es mit einem Großangriff der satanischen Mächte zu tun?
Die Autoren geben sachliche und klar verständliche Antworten. Im besonderen gehen sie auf folgende Phänomene ein:

● Zauberei – aktuell wie nie?
● Parapsychologie – das Spiel mit dem Unbewußten
● Astrologie – das Horoskop ist nur der Anfang
● Satanskulte – die »Schwarze Kirche« wächst
● Dämonen – auch heute noch aktiv

Aber es werden auch biblische Hilfestellungen angeboten, wie man den bösen Mächten begegnen und sie überwinden kann.

Josh McDowell
**Skeptiker suchen ihren Weg**
Ein Francke-Taschenbuch
ISBN 3-88224-958-7
96 Seiten

Darf man dem christlichen Glauben skeptisch gegenüberstehen? Hinterfragen, was seit Jahrhunderten als unumstößlich gilt?
Josh McDowell erzählt hier nicht nur seine eigene Geschichte, sondern stellt auch zwei andere »Querdenker« vor:

● C. S. Lewis, der sich selbst einst als »überzeugten Atheisten« bezeichnete, und
● Chuck Colson, eiskalter Profi-Politiker, der durch den »Watergate«-Skandal um Präsident Nixon einen zweifelhaften Ruhm erlangte.

Die Geschichten dieser drei Männer haben eines gemeinsam: Sie wurden nicht durch fromme Worte, sondern durch das lebendige Wort selbst überzeugt. Ein Beweis dafür, daß Christen ihren Verstand nicht »an der Garderobe« abgeben müssen...

# FRANCKE
Verlag der Francke-Buchhandlung GmbH